동북아 지역의 교류협력과 전망

Multilateral Cooperation and Its Prospect in Northeast Asian Region

박태규 외

백산자료원

본 저서는 한국학술진흥재단의 1999년 선정 중점연구소 지원사업 3단계 연구비 지원에 의해 이루어졌음 (과제번호: KRF-2003-005-B00016)

머리말

연세대학교의 해외지역분야 전문 연구소인 동서문제연구원은 본교가 연구대학으로 발전하기 위해 대학차원에서 집중 육성하고 있는 교책연구원이다. 본 연구원은 1972년 설립된 이래 35년간 해외지역연구 분야에서 풍부한 경험과 성과를 축적해 왔으며, 세계 주요국가 및 지역의 정치, 경제, 사회, 문화 및 역사에 관한 학제적 연구를 통해 교육의 국제화에 기여하고 있다. 지역연구분야에서 선도적인 본 연구원은 1999년에 한국학술진흥재단으로부터 대학부설 중점연구소로 선정된 이래 단계별, 기간별로 지역연구를 심화시킬 수 있었는데, 본 저서는 지난 2년간의 마지막 3단계 기간 연구결과를 묶은 것이다.

동북아의 정치, 경제, 사회 및 문화에 대한 이번 연구에는 동서문제연구원에 소속된 10명의 상임연구원과 연구교수들이 참여하였다. 제1 세부과제인 "동북아 지역공동체 인식 및 제도화의 과제"에 대한 연구는 이제민 교수의 책임하에 정상화, 이유신, 최운도, 김인춘 연구교수가 참여하여 진행시켰다. 제2 세부과제인 "동북아 지역의 교류협력과 전망"에 대한 연구에는 박태규 교수가 연구책임을 맡았고 김우준, 윤태영, 성정희, 최정원 연구교수가 참여하였다.

이번 3단계 연구기간에는 지난 1, 2단계의 동북아 지역연구를 집대성하는 차원에서 지역공동체에 초점을 맞춰 연구를 특화시켰다. 과제 참여자들은 동북아도 오랜 협력과 갈등을 넘어 궁극적으로는 지역공동체를 지향해야 되지 않겠느냐는 인식을 공유했고 연구를 진행시켰다. 본 저서에는 동북아 지역공동체 형성의 쟁점은 무엇이며, 교류협력의 현황은 어떠한지 그리고 아직은 모색 수준이지만 과연 지역공동체가 형성될 수 있는지에 대한 전망도 담겨있다. 이 같은 동북아 지역공동체 형성의 쟁점, 현황 및 전망이라는 총괄주제를 다루기 위한 연구는 모두 8개의 구체적인 연구주제의 분석을 통해 이루어졌음을 밝힌다.

연세대학교 동서문제연구원은 위와 같은 지역연구를 안정적으로 수행할 수 있도록 지난 6년간 아낌없는 지원을 해 준 한국학술진흥재단에 먼저 감사드린다. 앞으로도 역사, 사회 및 문화분야 등을 강화시킨 본 연구원의 연구방향에 변함없는 관심과 지원을 기대해본다. 아울러 본 연구원의 연구결과가 훌륭한 학술저서로 세상에 나올 수 있도록 기꺼이 출판에 응해 주신 백산자료원의 육낙현 사장과 편집과 교정 등의 어려운 작업을 묵묵히 잘 해주신 편집부 김지숙 팀장 외 모든 분들에게 감사의 뜻을 전한다.

2007년 11월

연세대학교 동서문제연구원장 김우상

• 목 차

동북아 지역의 교류협력과 전망

박 태 규 | 연세대학교 경제학과 교수 |

제 2 권

동북아시아 지역은 지난 50여 년 동안 지역의 질서가 안보관계를 중심으로 전개되어 왔다는 특징을 지니고 있는데, 이 같은 특징은 유럽과는 대조적인 모습을 보여주고 있다. 유럽지역에서는 안보관계보다는 경제 블록화를 이룩하였고 이에 뒤를 이어 유럽공동체가 형성되는 과정을 보여 준 것과는 대조적인 현상을 보이고 있어, 유럽에서의 경험은 동북아시아 지역공동체 형성과 교류협력에 많은 시사점을 주고 있다. 동북아 지역에는 지역공동체를 형성하는데 있어 부정적인 요소로서 제도와 인식에 대한 편차를 보일뿐 아니라 동북아시아에 있어서 과거의 역사를 보는 시각에도 커다란 차이를 보이고 있기 때문에 불화와 반목의 요소들이 상존하고 있다. 그러나 동북아 지역에서 아시아 경제위기 이후 경제협력체를 활성화하려는 노력과 더불어 지역 내에서 무역자유화를 위한 움직임이 활발하게 이뤄지고 있어 화합과 협력의 요소들도 같이 공존하고 있음을 알 수 있다. 장기적으로는 지역공동체를 구축하는 것을 목적으로 그리고 단기적으로는 지역 내 상호보완을 위한 교류협력이라는 목적을 위해서 부정적인 요소를 해소하고 공통의 이익에 기여할 수 있는 요인들을 찾는 것이 필요하다. 따라서 "동북아 지역의 교류협력과 전망"라는 연구주제 아래서 동북아지역의 교류협력에 대한 평가와 앞으로의 전망을 통해 동북아에서 지역공동체를 형성하는데 필요한 최소한의 조건을 찾아보는데 연구의 목적을 두고 있다. 본 연구에서는 동북아 지역에서 개별국가들이 당면한 현안을 논의함으로서 지역 내 국가들이 어떻게 협력을 증진하고 있으며, 무엇이 협력을 방해하는 장애요인으로 작용하고 있는지를 보다 구체적인 사례를 실증적으로 분석하고 검증하는 것을 연구의 목적으로 하고 있다.

동북아지역의 교류협력을 평가하고 교류협력이 앞으로 어떤 형태를 가지게 될지를 위한 전망을 하기 위해 보다 다양하고 구체적인 경제, 정치, 사회, 환경, 등의 교류협력에 대한 논의가 요구된다. 따라서 이 연구에서는 동북아지역의 교류와 협력에 중요하게 영향을 미칠 수 있는 4가지 분야의 주제를 심층적으로 연구하고 있다. 우선 "동북아 지역의 지방간 협력현황과 전망: 중국 동북3성, 북한 신의주 및 러시아 극동지방간관계를 중심으로(김우준)"는 지난 몇 년간 심도 있게 진행되고 있는 동북아 지역에서의 지방간 교류협력에 대해서는 동북아지역 중 중국의 동북3성, 북한의 신의주, 그리고 러시아의 극동지방간의 협력의 진행과 향후의 전망을 논의한다. 동북아 지역의 교류와 협력에 북핵 6자회담이 중대하게 영향을 미칠 것으로 예상되고 있다. 따라서 "북핵 6자회담과 동북아 다자안보협력 구축 전망(윤태영)"에서는 북핵 6자회담과 이에 따른 다자안보협력체 구축이 어떻게 진행되고 있으며, 향후 지역의 교류협력과 지역공동체에 어떤 영향을 미치게 될지를 논의한다. 또한 동북아 지역에서 환경문제는 지역 내의 국가들이 심도 있게 협의하고 논의해야

하는 중요한 이유로 나타나고 있는 상황이다. "한중일 동북아 3개국의 SD교육 실태 및 교류 협력방안(성정희)"에서는 한중일 동북아 3개국에서 환경에 대한 교육이 어떻게 시행되고 있으며, 환경을 주제로 한 교류와 협력방안이 어떻게 모색되어야 하는지에 대해 논의한다. 동북아지역에서의 교류와 협력을 위해서는 여성들의 정치적 네트워크의 역할이 중요하게 작용할 것으로 예상되고 있다. 이런 시각에서 "동아시아 국가간 여성정치 네트워크(최정원)"에서는 동아시아의 여성정치 네트워크가 어떻게 진행되고 있는지를 논의한다.

Ⅰ. 동북아 지역에서의 지방간 교류협력과 전망

동북아 지역공동체 형성이라는 상황을 지역 내의 지방간 관계를 중심으로 해서 볼 수 있다. 김우준의 논문에서는 지역내의 지방들이 국경을 넘어 어떻게 교류하고 협력하고 있는지, 서로간 쟁점은 무엇인지 그리고 경제적 상호보완성과 지리적 접근성의 장점을 살리면서 향후 지역공동체 형성에 지방들이 어떻게 기여할 수 있는지 등의 문제가 논의되었다. 오늘날 국제관계에서는 중앙정부뿐 아니라 지방정부도 주체로 등장하고 있으며, 중앙정부의 권한인 외교, 국방분야에 까지 영향력을 행사하고 있기도 한다. 분권화의 추세가 국내뿐 아니라 국제관계에서도 변화를 가져오고 있다. 이런 점에서 동북아 지역에서 지방들 간의 교류협력이 향후 지역내의 교류협력의 이끌어 가는 중요한 역할을 하면서 지역공동체를 형성하는데 있어서도 커다란 역할을 할 것으로 예상할 수 있다. 중국에서는 개혁개방 이후 지방들도 외국의 지방들과 국경무역, 경제합작 등의 형태로 교류하고 있다. 러시아는 구소련체제가 해체하던 시기부터 지방이 정치의 주역으로 등장했으며 1993년 연방헌법이 채택되면서 지방들도 목소리를 내기 시작하였으며, 특히 낙후지역이면서 자원이 풍부한 시베리아, 러시아 극동지압에서 팽배한 지역주의와 외국과 교류를 가질 수 있는 권한이 주어졌기 때문에 인접한 중국 지방과의 밀접한 교류를 갖게 되었다. 이에 비해 북한은 체제의 특성상 분권화, 지역화의 차원에서 외국의 지방과 교류를 유지하지는 않았지만 사회주의체제의 붕괴와 중국의 개방경제, 경제특구의 설치 등을 보면서 1990년 나진, 선봉경제특구, 금강산 특구, 신의주 특구 등을 시도했지만 상대적으로 지지부진하 상태이다. 그러나 북한의 경우에도 외부의 자본과 기술 도입, 상품교역을 통해 경제위기에서 벗어나고자 하는 절박한 필요성이 있어 중국 및 러시아의 인접한 특구와의 교류협력을 시도하고 있는 상태이다.

중국의 동북3성인 흑룡강성, 길림성, 요녕성에서는 소비재, 식품, 노동력 등을 이웃하고 있는 러시아극동지방에 제공하고 원자재를 수입하려 하고 있다. 빠른 경제성장을 유지하고 있는 중국으로서는 러시아극동지방으로부터 필요한 자원의 공급을 받기를 원하고 있어, 자원이 풍부한 러시아극동지방과 노동력이 풍부한 중국동북3성간에 경제적으로 상호보완의 관계를 가지고 있기 때문이다. 중국의 흑룡강성은 러시아와 2000여건이 넘은 협정을 맺었으며 29억달러에 해당하는 협력사업을 수행하는 등 러시아가 흑룡강성의 대외무역에서 가장 큰 비중을 차지하고 있는 상태이다. 흑룡강성의 국경부역이 2000년대에 들어서 계속 증가하면서 바터제에서 지방간의 변경무역과 일반무역의 형태로 변화하고 있다. 길림성의 경우에는 훈춘시를 중심으로 러시아극동지방과 교류협력을 유지하고 있으며, 중-러자유무역시장이 설립되었으며 중-러 합작의 상품시장이 설립되는 등 흑룡강성에 비해 교류의 규모는 상대적으로 작지만 교역의 증가율은 빠르게 증가하고 있다. 동북3성 중 요녕성의 경우에는 생필품과소비재를 하바롭프스크지방의 천연자원과 교환을 하고 협력협정을 체결하면서 상호간의 경제협력관계를 심화시키고 있다. 양 지방은 전자, 기계제작, 자원개발, 야금산업, 목재산업, 농업부문에 이르기까지 협력을 강화하기로 하고, 심양과 하바롭프스크간 직항로를 개설하고 대련과 바니노간 뱃길을 개설하는 등 지방간의 교류를 증가시키고 있다.

흑룡강성과 길림성과 인접해 있는 러시아극동 연해변방주에서는 과거에는 필요한 식량을 러시아중앙에서 구입하다가 이제는 중국 등지에서 구입하고 있으며, 연해변방주 지방정부에 등록 외국기업수도 중국기업의 수가 단연 많은 실정이다. 그러나 두 지역 간에는 갈등요소들이 존재하고 있다. "두만강유역개발계획"은 중국에는 유리하지만 연해변방주의 경우 경제적으로 불리하다는 점 때문에 다자간 개발협력에는 소극적인 상태이다. 두만강지역이 개발되면 중국측 지역이 개발의 이익을 보는 반면 연해변방주의 항구도시들과 시베리아 횡단철도의 역할이 상대적으로 퇴조할 것으로 예상하기 때문이다. 또한 러시아극동지방에서는 변경지방간 무역을 통해 중국 동북지방은 상당한 혜택을 보지만 러시아극동지방은 별 소득이 없이 전략자원들만 중국으로 유출된다는 우려가 있어 두 지방간의 교류와 협력의 부정적 요인으로 작용하고 있는 실정이다.

이밖에도 중국동북3성과 러시아극동 지방간 교류에 러시아 극동지방으로의 중국인들의 이주문제에도 영향을 주고 있다. 러시아극동지방에 많은 중국인들이 거주하면서 향후 5년 후에는 러시아극동지방에 거주하는 중국인들이 비율이 절대다수를 유지할 것이라는 전망이 나오고 있다. 러시아극동지방의 러시아 인구는 감소하는 대신 중국인들의 인구수는 증가하는 현상에 대해 러시아 측은 불안해하고 있다는 문제도 역시 향후 두 지방간의 교류와 협력의 부정적인 요인으로 작용할 수 있다. 러시아극동지방은 빠르게 변화하고 있는 동북아경제권의 통합과 종속사이에 놓여 있다고 볼 수 있으며, 이 지역으로의 중국의 노동력, 상품 및 자원시장으로 남게 될 것으로 예상되고 있어 중국과 일본 간의 이 지역을 두고 치열한 경쟁을 벌일 것으로 보인다.

북한의 거점도시인 신의주와 중국 동북3성의 거점도시 중의 하나인 단동지방은 압록강을 사이에 두고 바로 이웃한 지리적 이유로 인해 북·중간 대외창구의 역할을 해오고 있다. 그러나 두 지방은 발전의 수준을 떠나 서로 교류를 통해 보완적인 관계를 유지할 수 있을 뿐 아니라 서로 간 경쟁이 될 수 있는 긍정적, 부정적 양면을 가지고 있다. 북한은 중국의 경제성장에 기여한 경제특구에 고무되어 1991년 함경북도에 나진-선봉에 경제특구를 설치했으나 실패로 끝나자 2002년 신의주에 특구를 설차하게 되었다. 이런 상황에서 결과적으로중국 단동과 북한 신의주지방은 긍정적인 요인보다 부정적 요인이 더 크게 작용해 중국의 개입으로 사실상 전면 중단되는 결과를 가져왔다. 중국의 입장에서 신의주 특구와 중국 단동이 외자유치면에서 경쟁관계에 놓이게 될 뿐 아니라, 군사적으로 민감한 요충지인 단동에 인접한 신의주에 북한이 독자적으로 특구 개발을 기획했기 때문에 추후 미국을 위시한 여러 나라들이 진출하게 될 수 있다는 이유에서 비롯되었다.

북한은 대외교역의 77%, 소비재 수입의 80%를 중국에 의존하고 있으며, 대외무역(결제)의 70~80% 정도가 중국 단동에서 이루어지고 있어, 단동은 북한교역의 핵심창구 역할을 하고 있다. 2002년 중국은 신의주 특구를 좌절시킨 후 최근에는 '자유무역시장 개설'을 북한에 제안했고 단동과 신의주를 잇는 제2의 압록강대교의 건설 등을 제안하고 있는 실정이다. 북한과 중국은 정치적, 경제적 이유로 중국의 주도하에 단동-신의주의 동반성장을 목표로 한 새로운 북한과 중국이 공동으로 시도를 하고있다. 향후 북한 신의주는 결국 중국 단동과 '동반성장'하든지 혹은 단동의 '위성도시화' 할 위험이 있는데 후자가 될 가능성이 높다고 평가된다. 동북아지역의 평화와 공동번영을 위해서는 지역공동체가 필요하며, 이를 위해서는 부단히 지방들 간의 갈등을 해결, 관리하는 가운데 교류협력하면서 상호보완성이라는 공동의 이익을 확대해 나가야 하는 과제가 있다.

Ⅱ. 북핵 6자회담과 다자간안보협력의 전망

동북아지역에서의 교류협력에 있어 북핵 관련 문제가 중요한 영향을 미치고 있으며, 향후 이 문제의 진행이 어떻게 되는지에 따라 이 지역의 교류협력에 중요한 영향을 미칠 수 있다. 만일 북핵 6자회담이 성공적으로 진행된다면 발전되어 다자간안보협력으로 발전되어 동북아지역의 교류협력에 크게 기여할 것으로 예상할 수 있기 때문이다. 윤태영의 논문에서는 이런 측면에서 현재의 북핵문제와 관련한 북핵 6자회담의 진행과 더불어 다자간안보협력에 대한 전망을 논의하고 있다. 북핵 관련한 6자회담은 2002년 10월 북한의 고농축우라늄 핵프로그램을 시인함으로서 대두되었고, 2003년 1월 북한이 핵확산금지조약탈퇴 선언 이후 국제원자력기구의 탈퇴, 폐연료봉의 이동, 영변의 원자로 재가동 등으로 북한과 미국의 긴장이 고조되었다. 이런 과정에서 중국의 중간조정 역할로 북.미.중 간의 3자회담에서 어떤 합의점도 찾지 못했다. 이처럼 동북아지역 에서 북핵문제가 주변국의 문제로 확산되면서 중국의 적극적 중재로 2003년 8월 베이징에서 1차 회담이 개최된 이후 2005년 11월 5차 회담에 이르렀으나 미국의 대북 금융제제와 북한 측의 금융제재의 해제요구로 6자회담이 진전을 보지 못한 상태이다. 그러나 동북아 6개국인 남북한, 미국, 중국, 일본, 러시아는 북핵문제는 6자회담이라는 동북아 지역의 다자회담의 틀에서 논의를 통해 평화적으로 해결해야 한다는 원칙에 합의하고 회담재개를 위한 노력을 하고 있는 상태이다.

2003년 제 1차 회담에서 대화를 통한 핵문제의 평화적 해결과 한반도에서 비핵화를 유지하고 북한의 안보에 대한 우려를 해결하는 등에 대한 노력을 단계적, 동시, 또는 병행실시하는 방식에 대해 찬성하였다. 또한 회담 진행과정 중 정세를 고조하거나 악화시키는 행동을 자제하고 대화유지, 신뢰구축, 이견축소, 공동인식 확대에 대해 합의하고 6자회담의 모멘텀을 유지하고 외교채널을 통한 차기회담의 시기와 장소를 조속히 확정하는 등에 합의했다. 제 2차 회담은 2004년 2월에 개최되었으며, 2차 회담에서 합의된 1차 실무그룹회의가 5월에서 개최되었다. 2차 회담에서는 한반도 비핵화 및 대화와 평등에 기초한 협의를 통한 핵문제의 평화적 해결에 대한 참가국들의 의지 표명, 핵문제 해결 및 관련된 관심사를 다루는데 있어 조율된 상호조치를 취할 것을 합의했고 3차 회담을 위한 실무그룹을 구성할 것을 합의했으며, 2004년 6월에 개최된 3차 회담에서는 북핵 해법의 1단계로 북한의 핵 동결과 미국의 보상안이 논의되는 토대를 마련했다는 점에서 성과를 거두었다.

3차 회담이후 북한은 미국의 대북한 적대정책 등을 이유로 호담을 거부하고 핵보유를 선언하게 되었다. 이후 제 4차 회담과 5차 회담이 개최되었는데, 특히 4차 회담은 2차례에 걸쳐 이뤄졌으며, 5차 회담의 1차 회의 이후 회담이 진전되고 있지 못한 상태이다. 5차 북핵 6자회담이후 미국은 북한의 위폐 문제 등을 연계시키지 않는다는 입장이었으나, 북한이 대북 금융제재의 해제를 6자회담 전제조건으로 요구하는 상황에서 회담이 답보상태에 있다. 미국 측에서는 대북 금융제재가 효과를 보이고 있다고 판단하고 있으며, 대북 압박을 강화하고 있어 북핵 6자회담의 재개는 당분간 기대하기 어려운 실정에 놓여 있다고 볼 수 있다.

냉전의 종식이후에도 민족, 인종, 종교, 자원 등 다양한 요인에 의한 갈등과 소규모 분쟁이 증가하고 세계화의 추세 속에서 국제 테러리즘, 조직범죄, 마약밀매, 대량 난민문제, 해적행위 등 다양한 '초국가적 위협이 등장하고 있다. 또한 2001년 9·11 테러 이후에는 테러조직 또는 비국가행위의 테러리즘 위협과, 이들이 대량살상무기 등을 획득할 경우에 심각한 '비대칭적 위협' 및 '비전통적 위협'이 새롭게 부각되고 있다. 동북아지역에서도 군사적 긴장을 완화하고 지역내 국가간 신뢰구축과 분쟁예방을 위해 다자안보협력의 강화가 요구되고 있고, 이 지역에서 경제적 잠재력의 극대화 및 지속적 경제발전의 모색을 위해서 평화와 안정을 제도화하려는 노력을 통한 다자안보협력체 구축이 필요한 실정이다. 아직까지는 실질적 결실을 이루지는 못하고 있으나 아시아·태평양지역에서 다양한 다자안보협력의 노력이 진행되는 가운데, 북핵 6자회담을 계기로 정부차원에서의 동북아 다자안보협력 가능성이 제기되고 있고, 한국을 중심으로 6자회담을 확대·발전시키는 방향에서 동북아 다자안보협력 구축에 대한 관심과 노력을 전개하고 있다. 특히 2005년 9월 19일 제4차 6자회담 2단계회의에서 동북아 6개국은 최초로 정부차원에서 다자안보협력에 대한 방안과 수단에 대해 모색하기로 합의한바 있다. 이는 그동안 동북아지역에서 정부차원의 다자안보협력에 대해 공식적으로 의제화 했다는데 의미가 있으며, 이를 계기로 향후 6자회담의 발전적 전개 양상에 따라 다자안보협력 논의가 가속화될 수 있는 기반을 마련하였다고 볼 수 있다.

Ⅲ. 동북아 교류와 지속가능발전을 위한 교육

1992년 지구정상회의 이후, 지속가능발전은 세계적으로 정치적 의제에 있어 중요한 위치를 차지하고 있다. 역시 동북아지역에서 지역공동체를 위한 교류협력에 있어 지속가능발전을 지역 내의 국가들이 지역의 지속가능한 발전을 위해 필요한 인식을 함으로서 지역 내 국가들이 협력을 도모할 수 있다는 점에서 매우 중요하다. 지속가능발전의 중요성을 인식하고 이를 공유함으로서 사회전체에 확산시키는 일에는 교육의 역할이 중요하다. 2002년 9월 요하네스버그에서 개최된 세계 지속가능발전정상회의에서도 교육이 지속가능발전으로의 진보과정에 있어 효과적인 수단임을 공감하고 있으나 지속가능발전전략에 교육 부분이 잘 반영되어 실행되고 있지 않은 실정이었다. 이에 따라 2002년 12월 제57차유엔 총회에서 '요하네스버그 이행 계획안'에 뒤이어 일본과 스웨덴 정부에 의해 제안된 '지속가능발전교육 10개년 계획'을 2005년 1월부터 착수하는 결의안이 채택되었으며, 유네스코가 이를 주도하는 기관으로 선정되었다. 유네스코는 UN대학과 함께 지속가능발전교육을 위한 지역전문가센터를 통하여 전 세계적으로 이에 대한 교육을 확산하고 실천하고자 시도하고 있다. 이러한 다양한 노력에도 불구하고 한국을 비롯한 지속가능발전교육을 선도하는 일본에서 조차도 형식교육에서 별다른 성과를 보이지 못하고 있으며, 중국도 이와 비슷한 상황이다. 그리고 지속가능발전개념의 추상성과 포괄성으로 인하여 실질적으로 교육정책을 입안하고 실행하고, 그리고 교육을 받는 학생 모두 지속가능발전교육의 필요성에 대한 인식이 매우 낮은 것이 현실이다. 이런 이유로 인해 동북아 지역 내의 국가들에서도 대부분 지속가능발전교육을 환경교육으로 매우 제한적으로 인식하고 있으며 아울러 이에 대한 새로운 도전과 노력의 필요성을 인식하지 못하는 것이 현실이다. 성정희의 연구는 이런 배경에서 동북아 지역 내에서 지속가능한 발전을 위한 교육이 어떻게 진행되고 있으며 어떤 방향으로 발전되어야 하는지를 논의하고 있다, 환경교육으로 제한하여 인식하고 있는 지속가능발전교육의 범위를 재설정함으로써 국가수준의 지속가능교육정책을 수립하는데 필요한 이론적, 제도적 방안을 논의하고 있다.

지속가능발전교육은 지속가능발전을 위한 교육을 강조함으로서 지속가능발전교육의 목적이 지속가능한 사회를 구축하기 위한 목적 지향적 교육이다. 교육을 통해서 학문적 가치를 이해하기보다는 피교육자의 행동변화를 통해 지속가능한 사회를 구축하는데 궁극적 목표를 두고 있다. 따라서 지속가능발전교육의 목적은 근본적으로 가치의 변화를 요구하고, 세계 모든 사람들의 존엄성과 인권을 존중하며, 현세대와 미래세대에 대한 인권을 존중하면서 세대내 뿐만 아니라 세대 간의 책임을 중요시하는데 두고 있다. 인간 스스로 자연 생태계의 일부로서 다른 생명체들과 공동체적 인식을 갖지 않고서는 더 이상 생존할 수 없음을 인식하고 다양한 생명체들에 대해서도 생명공동체로서의 책무를 가질 것을 강조한다. 그리고 다양한 사회와 문화에 대해 존중하고 인정할 수 있는 가치 형성에 목적을 두고 있다.

현재 한국에서 지속가능발전교육에 대한 국가수준의 논의는 교육인적자원부 주도의 연구나 구체적인 사업은 부재하며, 환경부에서 환경교육에 관심을 두고 있는 수준이다. 이처럼 지속가능발전교육을 환경교육으로 제한적으로 이해하는 것이 현재 지속가능발전교육의 상황이다. 따라서 앞으로는 지속가능발전교육의 방향과 목적도 환경교육의 관점으로 설정되어 있다. 먼저 환경교육을 넘어서서 지속가능발전교육으로 패러다임을 전환해야 할 것이다. 일본은 유엔에서의 UN DESD 채택 이전에 열린 2002년 지속가능발전세계정상회의에서 '지속가능발전을 위한 10년(ESD 10년)'을 UN에 제안하는 등 이 분야에서는 선도적 역할을 하고 있다. 일본에서도 학교에서는 입시경쟁과 교사들의 과도한 부담으로 인해 ESD교육이 저조한 실정이다. 사회 모든 구성원들의 지속가능발전교육에 대한 인지도를 높이고, 다양한 단체와 시민이 지속가능한 사회 만들기 교육활동에 참가할 수 있도록 그 기회를 높이는 것을 목표로 하고 있다.

중국의 환경교육은 초기 정부주관에서 출발하였으나 현재 NGOs 주관으로 바뀌어가고 있으며 이러한 흐름은 ESD교육에서도 이어지고 있다. 2003년 말 현재 15,000개 이상의 학교가 그린스쿨로 선정되었고, 2004년 현재 12개의 사범대학에 ESD센터가 설립되어 그린스쿨 프로그램을 지원하고 있다. 그린스쿨은 지속가능발전에 학교교육의 중요성을 인식하고 있을 뿐만 아니라 학교자체에서도 실천적 노력을 강조하고 있으며 환경교육에 대한 교수방법의 다양화를 가져왔다고 평가되고 있다. 그린스쿨 프로그램은 지속가능발전교육의 토대가 되고 많은 성과를 보여주고 있으나 그린스쿨로 지정받은 학교도 중국의 동부와 서부의 경제발달수준의 차가 심하여 차이가 날 뿐만 아니라 실제 상위권에 속하는 그린스쿨에서도 교사나 교직원들의 환경관리에 대한 인식이 낮았다. 중국의 그린스쿨프로그램은 지역격차에 따라, 학교급별에 따라 활동양상에 많은 차이가 보이고 있는 실정이다.

동북아 3국의 지속가능발전을 위한 교육은 향후 지역내의 공통적인 이해를 증진시키기 위해서는 우선 지속가능발전을 위한 교육에 대한 낮은 사회적 인식을 증진시켜야 하며, 교육을 추진해야 하는 제도적 기반과 더불어, 교육의 내용에 대한 올바른 이해와 인식이 있어야 할 것이다. 더불어 3국이 공동으로 지속가능발전을 위한 교육에 대한 연구를 추진하는 것이 필요하다.

Ⅳ. 동아시아의 여성정치 네트워크

최근 국제적 차원에서 여성문제에 대한 관심이 가시화되고 있으며, 국가 내 활동 뿐 아니라 국가 간 활동을 통해 여성의 정치참여에 관한 공동의 전략을 모색하는 시도가 지속적으로 이뤄지고 있다. 이 문제에 관심을 표명해온 UN의 활동을 비롯하여 국가마다 정부 및 비정부 차원에서 국가 간 연대 활동을 통하여 여성문제의 해결과 여성의 정치참여의 확대를 강화하려는 노력 등이 좋은 사례이다. 한국을 비롯하여 여성의 정치참여가 상대적으로 낮은 동아시아 국가들에서도 최근 여성의 정치 참여 증진을 위한 국가 간 노력이 활성화되면서 여성 정치 참여 및 여성 정책에 관한 다양한 국가 간 여성정치 네트워크가 형성되고 있다. 동아시아 국가들은 북미나 유럽에 비하여 많은 여성 인구수, 여성의 낮은 지위, 경제성장 이후 고학력 여성들이 증가에도 불구한 여성들의 정치로부터 소외 등 공통점을 갖고 있다. 때문에 이 지역의 국가들은 함께 성장하기 위한 전략개발과 단합이 필요할 뿐 아니라 국가간 여성정치 네트워크의 형성이 강하게 요구되고 있는 실정이다. 여성정치 네트워크를 중심으로 수행되는 활동들은 여성 권리에 대한 인식을 확산시킴으로서 이 지역에서의 여성정치참여의 변화 속도를 빠르게 할 수 있다. 또한 동북아 지역 내의 여성정치에 대한 평가와 전략을 비교하고 협의하는 가운데 개별 국가의 여성정치 참여 향상도 가능해지기 때문에 이러한 국가간 활동은 여성정치참여를 촉진시킬 수 있다. 또 다른 한편에서는 동북아 지역 내의 여성정치 네트워크의 형성은 동북아 지역 내의 교류와 협력에도 커다란 영향을 미치게 될 것으로 기대된다.

최정원의 연구는 이처럼 동아시아 지역에서의 국가간 여성정치 네트워크의 형성과 전개를 살펴보고 논의하고 있다. 여성정치 네트워크는 여성성을 통하여 근대성을 비판하고 그것을 변형시키려는 노력과 관련되며 다른 한편으로는 세계가 갖는 각종 문제점을 극복하려는 노력과 관련된다. 지역적인 차원 또는 국제적인 차원에서 여성이 안고 있는 공통의 문제점을 함께 해결하기 위한 움직임으로 보고 있다. 여성정책은 단순히 여성에 대한 혹은 여성을 위한 정책만을 의미하는 것이 아니라 그동안 배제되어 온 여성적 경험과 목소리를 어떻게 사회 전반적인 정책에 반영할 것인가가 중요하다. 이를 위해 정책결정과정에서의 여성의 평등한 참여는 실질적인 남녀평등의 실현을 위해서는 선결되어야 할 과제이다. 또한 세계화로 인해 국경의 의미가 축소된 상황에서 한 국가의 정책은 세계적 경향 및 국가 간 관계에 더욱 영향을 많이 받게 되었으며, 이러한 외부적 환경으로 인해 여성정책 결정 및 집행에서도 유엔의 논의들 뿐만 아니라 국가 간 여성정치 네트워크의 역할이 점점 더 강화되고 있다.

유엔의 여성지위위원회를 중심으로 한 세계여성회의와 '아태 여성담당 국가기구' 회의는 국가간 활동을 통해 여성의 정치참여에 관한 공동의 전략을 지속적으로 유지하려는 노력이었다. 이 회의를 통해 국제적 차원에서 여성문제에 대한 관심을 높였을 뿐 아니라, 국가간 연대활동을 통하여 여성문제의 해결과 여성의 정치참여를 확대하는 데도 기여했다. NGO 포럼을 비롯한 아 · 태 지역 NGO 회의, 동아시아여성포럼 등은 비정부 차원에서 여성정치네트워크를 형성하고 여성의 정치 참여 증진을 위해 노력한 국가 간의 또 다른 형태의 연대활동으로 볼 수 있다. 여성정치 네트워크를 중심으로 수행되는 활동들은 일반적으로 여성 권리의 보편적인 내용을 인지시키는 수준에 머무르고 있다. 그러나 이 네트워크는 각 국가별 여성정책을 평가하고 전략을 비교·협의함으로써 개별 국가의 여성정책 향상 및 여성정치 참여의 촉진을 가능하게 하고 있다. 동아시아 국가들은 여성들의 수에 비해 여성의 사회적 지위가 낮으며, 고학력 여성들이 증가하고 있는데 반해 여성들이 정치로부터 소외되어 있다는 점 등, 공통적인 특징을 가지기 때문에 이 지역에서 여성의 정치참여가 동반해서 성장하기 위해서는 여성정치 네트워크의 형성과 이를 통한 전략개발과 단합이 특별히 요구되고 있다. 국내외 여성 간에 실질적인 네트워크가 형성·운영될 수 있기 위해서는 국제적으로는 유엔이 그리고 국내적으로는 여성가족부가 구심체적인 역할을 함으로써 국내 여성정책의 세계화로의 토대를 마련되는 한편 세계화 속에서의 국내 여성정책이 이루어질 수 있도록 해야 할 것이며, 여성인적자원의 발굴 및 글로벌 여성정치 네트워크 구축을 통해 여성권익 향상 및 여성정치 참여의 촉진의 노력이 지속적으로 필요하다.

Ⅴ. 맺는 말

동북아지역에서 교류와 협력에 대한 노력은 장기적으로는 이 지역에서 공동체를 구성해서 정치적 안정과 경제적 번영을 공유하는 것을 목적으로 하고 있다. 본 연구에서는 교류와 협력을 위해 필요한 요인과 이를 저해하는 요인을 분석하고 논의하는 것을 목적으로 하고 있다. 이런 목적을 위해 본 연구에서는 동북아 지역의 교류와 협력에 크게 영향을 줄 수 있는 측면의 네 가지 주제인, 동북아 지역에서의 지방간 교류, 북핵 6자회담과 다자간안보협력의 전망, 동북아 교류와 지속가능발전을 위한 교육, 동아시아의 여성정치 네트워크 등의 주제를 중심으로 지역내의 교류와 협력의 현황과 향후 발전의 요인을 모색하였다. 본 연구를 통해 동북아 지역에서의 교류와 협력을 위해서는 경제적 교류, 다자간 안보, 환경에 대한 인식, 그리고 지역내 여성들의 정치네트워크 구축 등 다양한 측면에서 이뤄지는 것이 필요하며 이런 균형 잡힌 노력만이 지역내 교류와 협력의 부정적 요인을 극복해 긍정적인 결과를 가져올 수 있을 것으로 예상된다.

동북아지역의 지방間 협력현황과 전망: 중국 동북3省, 북한 신의주 및 러시아극동지방간 관계를 중심으로

김 우 준 | 연세대학교 동서문제연구원 연구교수 |

Ⅰ. 서 론

전 세계적 분권화, 지역화추세는 국내뿐만 아니라 국제관계에서도 변화를 몰고 왔다. 즉 지방정부 역시 중앙정부처럼 국제관계의 주체로 등장한 것이다. 물론 외교·국방분야가 중앙정부의 고유 권한영역이지만 지방들도 영향력을 행사하기도 한다. 지방들은 주로 경제분야에서 국경을 넘어 교류협력하고 있다. 국내적으로도 중앙정부와 권한배분을 새로이 설정하고 있다. 바야흐로 지방분권시대, 지역화 혹은 지역주의시대의 현상들이다. 그래서 본 연구는 동북아 국제관계를 기존의 중앙정부 차원이 아닌 지방정부차원에서 분석하고자 한다.

동북아 지역의 지방들이 국경을 넘어 어떻게 교류협력하고 있고, 서로 간 쟁점들은 무엇인가에 대한 고찰은 동북아 국제관계 이해를 위해 시의적절하다고 생각한다. 왜냐하면 동북아지역 정치, 사회경제, 외교안보 등 이 지역의 교류협력이 중앙정부 차원에서만 진행되고 있지 않기 때문이다.

중국에서는 개혁 개방이후 지방들도 국경을 넘어 외국의 지방들과 교류하고 있는데 국경무역과 경제 합작 등 여러 형태로 나타난다. 특히 중국 동북 3省지방은 지리적 인접성과 경제적 상호보완성으로 인해 이웃 북한 및 러시아 지방들과 교류한다.

러시아에서는 소련해체 이후 연방이 출범하면서 지방들이 제 목소리를 내기 시작했는데 "자원의 보고"인 러시아극동지방에서도 지역주의는 팽배하다. 러시아중앙의 관심과 힘은 덜 미치고 반면 러시아극동지방은 연방구성주체로서 외국과 관계를 맺을 수 있는 권한을 갖고 있다. 그래서 인접한 중국 지방과의 관계도 밀접해졌다.

북한은 기존의 국제협력의 성과는 미미하지만 2002년 7월 '경제관리개선조치'이후 서서히 변화의 바람이 불고 있다. 신의주 특별행정구를 설치하고 기본법을 제정하는 등의 조치를 통해 국경을 넘어 지방끼리의 협력에도 관심을 가졌었다. 그러나 신의주 특별행정구 설치가 좌절되면서 위기를 겪었지만 최근 다시 특구 설치를 재시도하면서 관심을 모으고 있는 중이다.

이같이 동북아지역에서의 지방間 협력현황과 쟁점을 중국 동북 3省, 북한 신의주 및 러시아극동지방간 관계를 중심으로 살펴보고자 한다. 보다 구체적으로 중국 동북3省과 러시아극동지방간 관계가 경제적 측면에서 어떻게 진행 되어 오고 있으며 두 지역사이에 갈등은 없는가에 관심이 있다. 또한 북한 신의주와 이웃 중국 丹東지방간 관계는 어떠하며 신의주 특별행정구장관 楊斌파문에서 알 수 있듯이 두 지역이 어떤 경쟁관계에 있는 가를 분석하고자 한다. 특히 그 뒤의 신의주와 丹東의 관계는 앞으로 주의 깊게 지켜봐야할 상황이 전개되고 있다.

일반적으로 중앙정부간 관계에 대한 기존 연구 성과는 풍부하지만 이러한 지방정부간 관계에 대한 연구 성과는 미비한 실정이다. 지방을 국제관계의 주체로 본 이 연구는 오늘날 다양한 국제관계의 틀을 이해하는데 기여할 것이다.

Ⅱ. 동북아지역 지방間 교류협력의 국내외적 배경

동북아시아지역에서도 지방자치시대를 맞이하여 지방들이 국제관계에서 주체로 등장하면서 경제분야에서 교류협력을 해오고 있다. 경제적 상호보완성과 지리적 인접성이 교류협력을 가져오고 있는 것이다. 세계화가 지방들끼리의 교류를 촉진시키는 긍정적인 역할도 하고 있다. 한편 지방들 간에 갈등이 야기되기도 한다. 중국에서는 개혁 개방이후 지방들도 국경을 넘어 외국의 지방들과 교류하고 있는데 국경무역과 경제합작 등 여러 형태로 나타난다. 1979년 6월의 제5기 전국인민대표자대회 2차회의에서 지방정부의 행정조직이었던 혁명위원회가 폐지되고 각급 인민정부로 대체되면서 省長, 시장, 현장, 진장이라는 직책과 직함이 부활되었다. 이러한 변화들은 1982년의 헌법에 명시되었고(中華人民共和國憲法; 김우준, 2003, 162) 이를 계기로 지방정치, 분권화가 본격적으로 궤도에 오르기 시작한다.
러시아에서는 이미 구소련 해체기 때부터 지방이 정치의 주역으로 등장하고 1992년 3월 러시아연방정부(중앙)와 연방구성공화국들(지방)은 연방조약을 체결하면서 연방이라는 새 틀을 짠다. 그 뒤 1993년 12월 연방헌법이 채택되면서 지방공화국외에 변방주, 주, 연방특별시, 자치주 및 자치구들이 연방구성주체로 명문화 된다(김우준, 2000, 192-193). 이로써 지방들도 제 목소리를 내는 신정치질서로서의 러시아 연방주의가 형성되는데 최근 푸틴정권하에서는 지방이 위축되었지만(Elena Chebankova, 2007, 279) 중국과 달리 러시아 지방들은 정치외교·안보면에서도 영향력 행사를 시도하고자 했다. 러시아에서는 낙후지역이지만 '자원의 보고'인 시베리아·러시아극동지방에서도 지역주의는 팽배하다. 러시아중앙의 힘은 덜 미치고 반면 외국과 교류관계를 맺을 수 있는 권한을 갖고 있기 때문에 인접한 중국의 지방과의 관계도 밀접해졌다.

북한은 체제특성상 아직은 분권화, 지역화를 논할 수는 없다. 그러나 소련 및 동구의 현실사회주의체제의 붕괴와 중국의 특구중심의 시장경제 실험 등을 지켜보면서 변화를 시도했다. 1990년대 나진·선봉경제특구 설치, 금강산 특구, 2002년 신의주 행정특구 시도, 개성특구 그리고 최근 신의주 특구의 재시도 등을 북한의 실험으로 열거할 수 있는데 결과적으로는 외부요인들과 체제의 한계로 인해 지지부진하다. 그렇지만 외부자본 및 기술도입, 상품교역 등을 통해 계획경제체제의 위기를 벗어나고자 하는 절박감이 있기 때문에 중국 및 러시아와 인접한 특구를 통해 대외교류협력을 시도하고자 하고 있다.

Ⅲ. 중국 동북3省과 러시아극동지방간 관계: 협력과 갈등

1. 중국 동북3성과 러시아극동지방간 경제협력

중국 동북3성(黑龍江省, 吉林省, 遼寧省)은 소비재, 식품, 노동력 등을 이웃 러시아극동지방에 제공하고 대신 원자재를 수입하고자 한다. 고속 경제성장중인 중국은 러시아극동지방을 자국의 경제성장에 필요한 자원의 공급지로 여기고 있다. 즉 자원은 풍부하지만 소비재, 노동력이 부족한 러시아극동지방과 자원이 필요한 거대인구의 중국은 경제적으로 상호 보완성을 지니고 있는 것이다.

중국 동북3성의 인구는 약 1억 명인데 黑龍江省과 吉林省같은 경우 중국에서는 낙후된 지역이라 미취업 노동인구 일부가 러시아극동지방으로 진출하고 또한 중국의 경공업제품이나 식품 외에 전자제품들도 러시아극동지방으로 수출되고 있다. 한편 러시아중앙에서 멀리 떨어져 있어서 높은 수송비 등 때문에 러시아극동지방도 인접한 중국의 동북3성 특히 흑룡강성과의 통상을 중시해 왔는데 양 지역간 합작기업수도 증가하고 있다. 양 지역간 통상인 국경무역의 시작은 멀리 1980년대로 거슬러 올라간다. 즉 1983년부터 거래를 해왔는데 1988년 양국 중앙정부차원에서 "地方간 통상"법이 합의되면서 이 국경무역이 촉진되고 활발해졌다. 초기에는 바터제가 성행했었는데 양 지역을 "보따리상"들이 빈번히 오고 갔다.

러시아극동지방과 중국동북3성 특히 黑龍江省과의 국경무역은 한-러 수교 후 상대적으로 우수한 한국의 소비제품들이 러시아극동지역으로 수입되면서 중국제품들이 밀려나기도 했다. 중국은 이같이 1990년대 이래 한국과 같은 신흥경쟁자와 일본과 같은 기존의 경쟁자들과 러시아극동시장을 두고 겨루게 된다. 중국은 러시아극동지방에서 비중이 큰 하바롭프스크 변방주와의 관계에 공을 들이게 되는데 합작회사가 188개 성립되면서 이 부문에서 우위를 점하게 됐다(김우준, 2003, 165). 黑龍江省의 哈爾濱에서 매년 개최되는 국제박람회에 하바롭프스크지방 대표들이 대거 참석하고 항공부품산업에서의 협력도 진척됐다. 양 지역간 정기항공로는 관광 등 인적교류에 기여하고 있고 또한 쇼핑센터와 목재가공공장 건설 등 여러 분야로 협력을 강화하고 있다. 黑龍江省의 금광개발에 하바롭프스크지방이 심층 금광채굴기술을 제공했다. 그리고 양 지역 작은 자치단체간에도 바터제 형식이 포함된 교류도 활발했다. 하바롭프스크副市長이 언급했듯이 이 지역은 모스크바보다 더 동북아국가들과 밀접하게 교류하고 있고 판매대는 중국상인들이 차지하고 있으면서 중국제 소비재와 식료품들을 쏟아 낸다. 黑龍江省은 러시아와 무려 2000건이 넘는 협정을 맺었는데 약 29억 USD 상당의 협력사업이었다. 러시아가 黑龍江省의 대외무역에서도 가장 큰 비중을 차지하는데 〈표 1〉에서 알 수 있듯이 2004년에 수출액 21억 USD, 수입은 16억 USD로 동북아지역 국가들 중에서는 가장 크다. 2005년에는 수출입 총액이 66.9억 USD에 이르렀고 이는 전년도 대비 17.8 % 증가한 수치이다(黑龍江省 對러시아 무역, http://www.hlj.gov.cn). 이러한 교류를 위해 黑龍江省에는 국경무역관문(口岸)이 4곳 있는데 즉 黑河市, 綏芬河市, 同江市, 虎林市이다(對俄邊貿聯合信息网, http://www.e-russia.com.cn). 이러한 관문들이 吉林省(琿春市)과 내몽고자치구(滿洲里)에도 있는데 길림성의 對러시아극동 무역관문은 1988년 설립된 琿春口岸이다.

〈표 1〉 2003-2004년도 중국 흑룡강성 대외교역 추이

(단위 만 USD)

國家,地區	수출입총액		수출총액		수입총액	
	2003	2004	2003	2004	2003	2004
일본	44557	47991	19714	26270	24843	21721
북한	2796	5591	2576	5334	220	257
한국	44696	39218	28899	21544	15797	17674
러시아	295505	382298	163802	215352	131703	166946
인도	2535	1648	1339	1353	1196	295

출처: 2005년도 중국 黑龍江省통계연감

〈표 2〉는 중국 흑룡강성의 국경(변경)무역이 2000년대에 들어서 꾸준히 증가하고 있는 것을 보여주고 있는데 중·러 지방간 교역의 주요한 형태였던 바터제가 2000년대에 접어들면서 급격히 줄어드는 것이 특이 사항이다. 즉 지방끼리의 교역방식도 시대 변화에 맞춰 발전하고 있음을 알 수 있겠다.

〈표 2〉 중국 흑룡강성 대외통상 연도별 변화 추이

단위: 만 USD

대외무역상황	1995년	2000년	2001년	2002년
합 계	238645	298620	338454	434934
일반무역	100331	128554	136625	176159
OEM방식무역	2902	6643	12078	17450
변경무역		101365	109162	185405
바터제 무역	63707	52	47	42

출처: 黑龍江省對外貿易經濟合作廳, 全省外經貿完成情況表

흑룡강성의 전통적인 국경무역관문인 黑河市같은 경우 2005년도 변경 소액무역액은 1.6억 US달러인데 이는 전년도에 비해 40.9% 증가한 수치이다. 전체무역액은 101.7%증가해서 5.82억 US달러를 달성했다(黑河市外經貿狀況, http://www.heihe.gov.cn). 또 다른 국경무역관문인 綏芬河市는 최대 對러 통상도시이다. 2005년도에 러시아극동과의 무역액은 총 28억 USD를 기록했다(헤럴드뉴스, 2006.2.17). 러시아극동으로부터의 수입품목은 펄프, 원목, 화공원료, 염화칼륨 등이고 수출품목은 의류, 신발, 야채, 전자제품 등이다. 이들 수출품목 중 의류와 신발과 같은 경공업 소비제품이 수출액 중 대부분을 차지하고 있다(黑龍江省最大的對俄貿易口岸名不虛傳, http://www.e-russia.

com.cn).

중국 길림성은 琿春市를 중심으로 러시아극동지방과 교류협력을 하고 있는데 琿春 중・러자유무역시장이 2001년 설립되었다. 그런데 이 곳에는 150여개의 점포가 설치되었다. 그리고 러시아극동의 블라디보스톡시에는 중・러합작의 상품시장이 설립되었다(駐吉林省강원도경제무역사무소 최신시장정보). 對러시아 교역 규모면에서는 흑룡강성에 비해 길림성이 상대적으로 작지만 〈표 3〉에서 알 수 있듯이 증가율은 전년도에 비해 93.9%나 늘었다. 러시아극동과의 국경 소액 수출액도 25.3% 증가했다(표 4 참조).

〈표 3〉 2005년 중국 길림성 대외교역 추이

단위: 만 USD

國別,地區	수출액	同比%	國別,地區	수입액	同比%
총액	246688	43.9	총액	406149	-20.0
한국	53910	54.5	독일	189944	31.6
일본	37216	2.3	일본	87576	-16.5
미국	19337	35.5	미국	18941	74.9
북한	18978	44.7	북한	16430	8.0
러시아	14274	93.9	브라질	13781	5.0

출처: 2005년 중국 吉林省무역자료, 吉林省商務廳

〈표 4〉 중국 길림성 대외교역 양식 추이

단위: 만 USD

貿易方式	수출액	同比%	수입액	同比%
총액	246688	43.9	406149	-20.0
一般贸易	166531	43.7	315540	-22.7
加工贸易	50936	31.7	20865	7.0

OEM방식 贸易	8398	3.9	5629	-18.9
수입加工贸易	42539	39.1	15236	21.4
기타 贸易	29220	72.6	69743	-12.5
국경贸易	16941	25.3	11778	-1.1

출처: 2005년도 중국 吉林省무역자료, 吉林省商務廳

중국 동북3성 중 遼寧省같은 경우 생필품과 소비재를 하바롭프스크지방의 천연자원과 교환한다. 두 지방은 협력협정을 체결해서 서로간의 경제협력관계를 심화시켰다. 즉 양측은 전자, 기계제작, 자원개발, 야금산업, 목재산업 그리고 농업부문에서 협력을 강화하기로 했고 沈陽과 하바롭프스크간 직항로 개설과 大連과 바니노간 뱃길 개설 등이 양 지방간 교류를 촉진시키게 된다. 그래서 對러시아 교역은 〈표 5〉에 나와 있듯이 수출이나 수입모두 전년도에 비해 증가했다.

〈표 5〉 중국 요령성 대외교역 변화 추이

단위: 만 USD

國家, 地區	수출입총액			수입총액			수출총액		
	2003年	2004年	2005年	2003年	2004年	2005年	2003年	2004年	2005年
홍콩	69,413	100,995	99,788	8,605	11,535	13,716	60,808	89,460	86,072
북한	62,233	78,612	82,306	30,698	37,487	22,860	31,535	42,115	59,446
일본	888,752	961,333	1,049,993	371,811	415,070	418,863	516,941	546,263	631,130
한국	339,180	427,924	494,036	183,146	196,491	205,700	156,034	231,433	288,336
태국	28,572	41,739	50,930	18,627	16,343	16,963	9,945	25,396	33,967
말레이시아	42,588	49,011	45,803	24,191	30,100	19,951	18,397	18,911	25,852
러시아	37,282	53,225	80,494	20,758	31,834	46,632	16,524	21,391	33,862

출처: 2005년도 중국 遼寧省통계연감/ 遼寧省統計局, 2005년 遼寧省 국민경제와 사회발전 통계公報

黑龍江省 그리고 吉林省과 인접한 러시아극동의 연해변방주(Primorskij Kraj)는 필요한 식량을 전에는 러시아중앙에서 구입했는데 이제는 식품의 90%, 생활용품의 60%를 중국에서 사오고 있다(http://www.hcbecz.com). 연해변방주 지방정부에 등록된 외국기업수에서도 중국이 단연 우위에 있다.[1] 남부도시 우수리스크에 중국무역센터가 들어선 것도 중국의 적극 진출의지의 반영이다. 또한 연해변방주는 중국과 가까운 국경지역에 공업무역구 설립工事를 2003년 착공했다(http://www.e-russia.com.cn). 최근에도 변함없는 러시아 연해변방주와 중국간의 밀접한 교류관계를 〈표 6〉은 보여주고 있다.

〈표 6〉 러시아 연해변방주의 주요 무역상대

주요 무역상대	수출		수입		계	
	2006년도, 백만 US달러	2005년도 대비 증감율 %	2006년도, 백만 US달러	2005년도 대비 증감율 %	2006년도, 백만 US달러	2005년도 대비 증감율 %
중국	758,8	116,1	978,9	126,7	1737,7	121,8
한국	260,9	96,9	401,8	107,3	662,7	103,0
일본	159,2	96,1	1202,9	119,2	1362,1	115,9
미국	47,1	64,1	89,5	208,5	136,6	117,4
기타	256,4	103,4	425,0	208,6	681,4	150,8
총계	1482,3	105,1	3098,2	128,9	4580,5	120,1

출처: 러시아 연해변방주 경제발전위원회, 2006년도 러시아 연해변방주 사회경제발전 총람

1) 2004년도 통계상 573개 중국기업이 등록되어 있다.

그러나 양 지역간에 갈등요인이 존재하는데 예를 들면 “두만강유역 개발계획(Tuman River Area Development Programme, TRADP)”이 중국에 상당히 유리하고 러시아극동 연해변방주는 경제적으로 불리하다는 점을 들어 다자간 개발협력 참여에 소극적이다. 왜냐하면 두만강유역 중국측 지역이 본격 개발되면 이 지역이 동북아와 유럽을 연결하는 가장 빠른 루트가 되고 이것은 곧 시베리아 횡단철도가 시작되는 연해변방주 항구도시들인 블라디보스톡과 나호드카의 역할을 약화시킬 수 있다는 것이다. 즉 시베리아 횡단철도의 상대적 퇴조를 불러올 수 있다는 말이다. 그리고 또 다른 연해변방주 항구인 뽀시에트와 자루비노도 두만강유역 개발계획으로 개발돼도 연해변방주가 아니고 오히려 중국을 위해 쓰여 진다는 것이다. 그래서 블라지보스톡市의 고위관리는 두만강계획과 상관없이 市를 개발해야 한다고 주장한다. 연해변방주정부 생각은 외국의 투자도 두만강유역에 국한되지 블라지보스톡市나 나호드카에 투자를 안 한다는 것이다. 또 한 가지 두만강계획의 국제분업에서 중국의 역할중 하나가 노동력제공인데 미취업 중국인 노동인력이 연해변방주로 유입되게 되는 것을 우려하고 있다. 이렇게 되면 연해변방주가 경제적으로 더욱 더 중국의 영향권 하에 들어간다는 것이다(김우준, 2003, 168).

다른 차원의 갈등요인이 또 있는데 러시아극동지방에서는 변경지방간 “보따리무역업”을 통해 중국 동북지방이 상당한 이득을 보고 있고 막상 러시아극동지방은 큰 소득이 없고 오히려 러시아 마피아 집단들이 실속을 챙기고 있다고 주장한다. 또한 러시아극동에서 전략자원들이 통제 없이 중국으로 빠져나가고 있다는 보고도 있다(김우준, 169).

환경문제로 인해 두 지방간에 갈등이 야기되기도 했다. 2005년 11월 13일 중국 동북지방 지린(吉林)시의 화학공장 폭발로 유출된 유독물

질인 벤젠이 인근 송화강으로 유입됐다. 몇 일후 송화강의 본류인 아무르강(중국명 흑룡강)으로 100t 이상의 벤젠이 유입되면서 러시아 극동지방이 최대 피해를 보았다. 아무르강을 상수원으로 하는 하바로프스크에서는 악취가 사방을 뒤덮고 나흘간 수돗물 공급이 끊기면서 주민들이 생수를 사재기하고 주변의 도시나 지하수가 있는 농가로 대피에 나서는 등 심한 혼란을 겪었다. 이 벤젠오염 사태는 해를 넘겨 또 다시 불거졌다. 겨우내 강바닥에 얼어 있던 유독물질이 날씨가 풀리면서 녹아 흐르기 시작한 것이다. 러시아측은 아무르강에서 기준치이상의 유독성 화학물질이 검출됐다고 발표했고 주민들에게 수돗물을 마시거나 요리에 사용하지 말라고 당부했다(세계일보, 2006.05.01).

이번 오염 사태를 두고 러시아 언론에서는 연일 '중국위협론'이 언급됐고 '지방판 체르노빌사태'라고 명명하기도 했다. 또한 중국당국이 사태를 숨겼다고 성토하였다(Vladimir Shlapentokh, 2007, 16). 러시아측에서는 그동안 중국인들이 러시아 극동지방에 활발하게 진출, 일대 상권을 장악한 것을 불만스럽게 여기다 이번 사태를 계기로 본격적인 중국인 배척 움직임이 엿보이기도 했다(경향신문, 2005.12.02).

2. 중국인 이주문제와 러시아극동지방

러시아극동지방에는 약 1백만에서 2백만으로 추산되는 중국인들이 거주하고 있는데 이들은 합법적 혹은 불법적으로 이주해왔다. 이들 중국인들은 땅을 구입하고 러시아인들과도 결혼하면서 차이나타운을 형성하고 있다. 러시아극동 하바로프스크 주지사는 외국인들이 러시아에서 토지를 구입하지 못하게 관련법을 개정해야 한다는 견해를 강력히 피력하면서 만약 그렇게 하지 않으면 "러시아극동지방의 모든 땅이 중국인들한테 팔릴 것이다"라는 경고를 했다(http://www.rferl.org/russianreport). 과거 러시아연방 부총리 샤흐라이는 2010년에 시베리아 · 러시아극동지역의 중국인 거주비율은 75%에 달할 것이라는 추정치를 언급한 적도 있다.

시베리아 · 러시아극동의 인구는 약 3,000만 명인데 그 중 러시아극동지역의 인구는 감소하는 추세가 뚜렷해 2002년에는 단지 669만 명에 불과하다. 감소 이유는 1989년부터 러시아유럽지역에서 대체인력이 러시아극동지역으로 유입되고 있지 않다는 것이다. 왜냐하면 러시아극동지역의 생활여건이 상대적으로 열악하기 때문에 그전에 러시아극동지역에 근무했던 유럽지역출신 인력을 대신하는 새로운 기술이민이 없다. 다만 최근 전 세계적인 에너지 수요증가와 고유가로 인해 천연자원이 풍부한 시베리아로 일부 기술이민이 발생하고는 있다. 그러나 아직 대부분의 러시아극동지방은 이에 해당되지 않는다. 이같이 러시아극동지방의 인구는 줄고 있는데 이런 추세라면 2015년에는 450만명 정도의 주민만 남게 된다는 예측도 나오고 있다.[2)] 반면 중국 동북지방의 인구는 약 1억명이나 된다.

그러면 러시아극동지역으로 이주하는 중국인들을 분류해보면 첫째, 중국의 농업인력이 이주한다. 이들은 장기적인 계약을 맺고 러시아극동으로 오는데 예를 들면 러시아극동 아무르주같은 경우 중-러 합작농장만해도 300개가 넘는다. 이곳에서 30년 계약으로 일하게 되는데 가족도 합류한다. 둘째, 상업종사자들인데 러시아극동에 합작사를 설립해서 일하게 되고 상점을 내기도 한다. 그 외 단기적으로는 건축현장에서 일하는 노동인력이다. 수확기에는 매년 약 4만명의 중국인들이 시베리아 남부로 가기도 했다(김우준, 174).

2) 필자의 견해로는 시베리아에 이어 미래 러시아극동의 풍부한 에너지자원이 본격 개발된다면 러시아극동지방으로 기술이민은 발생할 가능성이 있고 출생율도 높아질 수 있다.

러시아극동지방의 러시아인 노동인력의 알콜 중독 비율이 전국 평균의 두 배정도 된다는 통계가 있고 그 질도 낮기 때문에 중국인 인력이 대체한다는 평가가 있다(Shlapentokh, 14).

러시아에서는 러시아극동의 인구는 급격히 감소하는데 중국인들은 합법적이든 불법이든간에(매년 약 6만의 중국인들이 러시아 체류허가규정을 어기고 수천명은 추방된다) 몰려오는데 대해 초조해 하고 있다. 심지어는 중국인들의 이주를 중국인들에 의해서 시베리아・러시아극동지역이 "평화적으로 정복"당하고 있다고 여긴다. 심지어 "황화(黃禍)론"이라는 표현도 쓰고 있다(Viacheslav Karlusov and Andrei Kudin, 2002, 62). 과연 러시아가 장차 시베리아・러시아극동지방을 보존할 수 있을 것인가라는좀 과장된 표현이지만 우려와 추측이 있는 게 사실이다. 러시아극동 150만㎢의 지역을 19세기에 러시아에 빼앗겼다는 주장을 담은 자료들이 중국에서 다량으로 출판되는 현상에 주목하고 있다(Vladimir Portiakov, 2004, 18). 오늘날 시베리아・러시아극동지방의 사회경제상황이 러시아유럽지역에 비해 상대적으로 열악하기 때문에 주민들이 지속적으로 떠나고 있다. 공장도 군사시설도 문을 닫고 있기 때문에 매년 수천 명의 러시아인들이 일자리를 찾아 유럽 쪽 러시아로 이주하고 있는 실정이다. 이미 경제적인 측면에서는 러시아극동지방은 유럽 쪽 러시아와는 분리돼 있는 상태나 다름없다(한겨레 21, 2006.11.22/636호). 이 같은 러시아극동 상황에 비해 중국은 거대인구를 가지고 있고 고속경제성장을 하고 있다. 〈표 7〉는 현재와 미래 러시아극동지방과 중국 동북3省 인구 대비를 극명하게 나타내 주고 있다.

오늘날 중국뿐만 아니라 다른 동북아 국가들도 빠르게 변모하고 있다. 이것이 러시아중앙에서 멀리 떨어진 러시아극동지방 주변 국제환경인 것이다. 그래서 러시아연방의 푸틴대통령은 다음과 같은

〈표 7〉 러시아극동과 중국 동북3省 인구변동 전망치

지 방	인구수(백만명)		인구변동치	
	2002년	2015년말	백만명	%
러시아극동	6.7	4.5	-2.2	-32.8
중국 동북3省	106.6	120.0	13.4	12.5

출처: Motrich, E.. 2002. Demographic Potential and Chinese Presence in the Russian Far East, Far Eastern Affairs 1; 2003년 중국 吉林省統計年鑒; The Free Encyclopedia, Russian Far East 2006.

언급을 했다: "러시아극동지방 발전을 위해 구체적인 조치를 취하지 않을 경우 수십 년 내에 그곳 주민들은 중국어, 일본어 그리고 한국어나 구사할 것이다"(Far Eastern Economic Review 2000.8.10). 2007년 현재 이 곳 인구는 650만명으로 감소했고 현지 한 러시아주민은 100년 뒤엔 '무인도'가 될 것이라 자조했다(http://news.chosun.com/site/data/html).

그래서 러시아는 자국 극동지방의 상황에 대한 두 가지 조치를 취했다. 우선 무한정한 중국인들의 유입을 통제하고 극동지역 상권을 보호하기 위해 외국인 지위법과 등록법을 개정하고 외국인 노동관련 정부령을 발표해 2007년 1월 15일부터 시행하고 있다. 1월 15일부터 4월 1일까지 재래식 옥외시장과 가판대에 종사하는 외국인 비율을 40%이하로 줄였으며 그 이후에는 아예 외국인 노동자가 이 분야에 종사할 수 없도록 규제하고 있다. 또한 자국에서 소매업을 하고 있는 외국인 중 관광비자로 영업활동을 하고 있는 상인들은 영업중지토록 조치했고 단기 상용비자를 소지하고 영업을 하는 상인들은 4월 1일까지 모든 영업행위를 중단하고 러시아를 떠나도록 했다. 이에 따라 러시아극동지역에 진출해 가판대와 재래식 옥외시장에서 영업활동을 해온 중국인들이 모두 위기에 처하게 됐다. 러시아극동지역 일대에서 활동 중인 중국상인은 120만명으로 추산되고 있는데 이 중 상당수가 불법체류자인 것으로 알려졌다(매일경제신문, 2007.2.25).

또 다른 조치는 2006년 12월 20일 러시아 국가안보회의에서 연방·지방정부가 함께 참여해 극동지역 개발전략을 수립할 국가위원회를 설립할 것을 결정한 일이다. 푸틴 대통령은 "외국인은 계속 유입되는데 러시아 인구는 줄고, 갈수록 러시아 타 지역과는 고립돼 가는 극동지역이 러시아에 최대 위협이 되고 있다"고 우려를 표시했고 연방정부의 정책이 극동지방까지 제대로 전달되지 않는다고 불만을 나타냈다(조선일보, 2006.12.22). 그러나 이전에도 여러 차례 극동지역 개발을 언급했지만 유럽러시아지역이 우선이기 때문에 제대로 시행된 적이 없었다.[3] 따라서 이번 조치도 좀더 지켜봐야 할 것이다.

중국인들의 유입 통제와 지역상권을 보호하기 위한 조치라는 '4·1 소매시장법'도 버젓이 시장인 곳을 법 적용을 받지 않는 유통마트로 편법적으로 이름만 바뀌면서 무력해 지고 있는 실정이다. 그 결과 많은 중국인 상인들이 여전히 상권을 장악하고 있는 것이다(조선일보, 2007.04.12).

한국과 관련된 문제로 중앙아시아 한인(고려인)들의 러시아극동 연해변방주로의 재이주와 러시아극동에 한인자치구 설립문제에 관해 러시아 학자 빠블리아쩬코(В. Павлй атенко)는 다음과 같이 러시아 입장을 대변하고 있다. "중국에 있는 한인자치주(연변조선족

3) 푸틴 대통령은 지난 2002년에도 극동지역을 방문한 자리에서 이 지역에 대한 장기발전 방안 마련을 지시한 적이 있었다.

자치주) 그리고 북한과 가까운 곳, 바로 연해 변방주 남부에 한인자치구가 설립되면 이는 장차 러시아 국가안보에 害가 될 것이다". 러시아에서는 한국이 이러한 지역들을 망라하는 "大한국"을 구상하고 있다는 우려의 목소리가 있다.

Ⅳ. 북한 신의주와 중국 丹東지방간 관계: 협력 혹은 종속?

1. 북한 신의주 특별행정구 좌절의 배경

북한 신의주와 중국 단동지방은 압록강을 사이에 두고 바로 이웃한 지리적 이유로 인해북·중간 대외창구의 역할을 해오고 있다. 중국 단동은 동북3省의 거점도시중의 하나이고 북한 신의주 역시 북한의 거점도시라 말할 수 있다. 그래서 발전정도의 비교를 떠나 두 지방은 서로 간 경쟁이 될 수도 있는 여건이다. 이 경쟁은 양 지방 발전에 긍정적인 면도 있고 부정적인 견제의 면도 있을 것이다. 홍콩과 중국 선전(深圳)은 바로 인접하면서 '동반성장'한 지방間 교류의 긍정적인 케이스이다. 그러나 중국 단동과 북한 신의주지방은 부정적인 케이스가 돼버렸다. 그 원인과 배경을 분석해 보고자 한다.

북한은 중국이 경제특구를 통해 경제성장을 이룬 것에 자극을 받아 1991년에 함경북도 나진·선봉지역에 북한 최초의 경제특구인 자유경제무역지구를 설치했다(임강택/임성훈, 2004.13). 그러나 외국의 투자가 거의 이루어지지 않아 사실상 실패한 상태이다. 그래도 경제특구를 외화획득을 위한 중요한 대외창구로 인식한 북한은 2001년 김정일 국방위원장의 중국 상해방문 후 2002년 전격적으로 신의주에 경제특구를 설치했다. 경제특구란 그 특성상 특구로 지정된 지방은 상당한 권한을 갖고 스스로 운영을 하게 되는 것이다. 비록 중앙정부가 초기에 특구 지정을 하고 지원도 하지만 후에 지방은 나름대로 대외관계를 맺게 된다.

북한 신의주는 2002년 9월 경제특구와 유사한 특별행정구가 되었다. 그 내용에 있어서는 경제특구를 능가하는 권한을 신의주 특구가 갖게 했다. '신의주특별행정구기본법'에 의하면 특구는 입법권, 행정권, 사법권을 갖고 외국인도 입법위원이 될 수 있도록 했다. 그리고 특구의 법률제도를 향후 50년간 변화시키지 않는다는 내용도 담고 있었다. 이는 홍콩 행정구 모형을 그대로 따온 것이다. 특구는 경제분야에서 토지 개발과 이용, 관리권한을 갖고 개인 소유권과 상속권도 인정받았다. 특히 자체적인 화폐금융시책을 실시할 권한도 갖게 되었다(매일경제, 2002.09.27). 이처럼 신의주는 자치권을 가진 개방특구로 도약할 준비를 갖췄다.

그러나 중국은 바로 그해 10월 북한이 신의주 특구 초대 행정장관으로 임명한 양빈(楊斌) 중국 어우야(歐亞) 그룹 회장을 탈세혐의로 구속함으로써 북한의 신의주 특구계획에 차질을 빚게 했다. 이듬해 8월 양빈은 징역 18년형을 구형받았고 신의주 특구개발은 사실상 전면 중단됐다(한국경제, 2006.03.27).

중국이 이처럼 신의주 특구를 좌절시킨 배경은 첫째, 신의주 특구와 중국 丹東이 외자유치면에서 경쟁관계에 놓이게 되고 그렇게 되면 단동은 투자유치 기회를 그만큼 뺏기는 것을 의미하기 때문이다. 중국은 홍콩에 인접한 선전(深圳) 개방의 예를 들면서 신의주보다는 한국이 가까이 있는 개성 개발을 하는 것이 좋다는 뜻을 전달했다고 한다. 둘째, 북한이 독자적으로 홍콩방식의 신의주 특구 개발을 기획했기 때문에 여기에 추후 미국을 위시한 여러 나라들이 진출하게 될 수 있는 것이다. 이는 민감한 군사요충지이기도한 丹東에 危害가 될 수도 있다는 판단이 섰기 때문이다. 신의주는 1906년 일제가 경의선과 남만주철도를 통해 만주를 공략할 때 만들어진 군사도시였다. 즉 중국입장에서는 대륙진출의 관문인 것이다. 따라서 중국은 자신들이 개입하거나 주도하지 않은 신의주 개발에 대해 한마디로 불안하다는 입장이다(시사저널, 2006.01.27). 북한의 나진 · 선봉 자유경제 무역지구도 중국의 견제와 국제사회의 무관심 때문에 사실상 실패한 케이스라 할 수 있다.

<그림 1> 신의주와 주변 계획 특구들

2. 중국 丹東과 신의주 특구의 재시도: '동반성장' 혹은 '위성도시화'

북한은 대외교역의 77%, 소비재 수입의 80%를 중국에 의존하고 있다(동아일보, 2006.3.22; 프레시안, 2006.4.7). 이런 북한 대외무역(결제)의 70~80% 정도가 중국 단동에서 이루어진다. 즉 단동은 북한교역의 핵심창구인 셈이다. 2002년 중국은 북한 신의주 특구를 사실상 좌절시킨 후 최근에는 거꾸로 '자유무역시장 개설'을 북한에 제안했고 단동과 신의주를 잇는 제2의 압록강대교를 건설하자고 역시 제안하였다. 북한측이 이에 대해 이의를 제기하지 않아 현재 준비단계에 있다고 한다. 단동지방은 "새 교량 건설사업이 북·중간 도로, 항만, 지역 일체화를 실현하기 위한 중점사업 항목에 포함됐다"고 하여 양측 간 '경제통합' 움직임을 시사하였다(한국일보, 2006.04.13). 역시 단동에서는 북·중간 '신의주 개방 및 개발'을 주제로 한 회의가 열린다고 알려졌다(동아일보, 2006.03.20). 또한 신의주 북쪽에 위치한 압록강의 위화도, 압록강 하구의 비단섬 및 신도 등이 특구로 검토되고 있다 한다(그림 1 참조).

지금으로서는 신의주 개방 및 개발의 재시도가 여러 구상단계지만 지난 2002년 신의주 특별행정구 시도 때와는 달리 중국의 주도하에 북·중이 공동으로 진행시키고 있다는 사실이다. 즉 이번에는 초기 단계부터 북한이 중국과 긴밀한 협의 아래 계획을 추진하고 있는 것이다. 이 같은 북·중간 전에 없는 변화는 비단 신의주 특구뿐만 아니라 북·중간 전반에 걸쳐 일어나고 있다.

신의주와 단동을 포함한 이러한 북·중간의 새로운 교류의 배경을 분석해보면 첫째, 단동을 포함한 중국 동북3省 개발과 신의주를 포함한 북한 개발이 중국 주도하에 연계되어 있다는 것이다. 따라서 신의주 개발의 재시도에 오히려 중국이 적극적이다. 중국 공산당 중앙위원회는 2003년 10월 동북3성 개발에 대한 가이드라인인 '11호

문건'을 발표했지만 과거 철강, 조선 등 중공업 분야 국영기업이 중심인 동북3성은 계획경제 체질을 벗지 못했다. 그러자 중국 국무원은 2005년 '36호 문건'을 발표해 상대적으로 낙후지역인 동북3성, 특히 북한 접경지역에 대한 개발의지를 밝혔다(동아일보, 2006.03.21). 이에 따라 〈그림 2〉에 나와 있듯이 신의주와 연계한 단동 개발이 진행되고 있다. 여기에는 신의주와 연결하는 제2의 교량건설이 포함된다. 또한 黑龍江省에서 吉林省을 거쳐 遼寧省에 이르는 東邊道 철도가 2008년 완공을 목표로 건설 중에 있다. 이 철도는 북한과 중국의 접경지역을 인접해서 지나고 있다. 단동은 이 철도의 요충지에 위치해 있고 신의주와 연결된다. 또한 중국은 북한의 무산 철광의 50년 채굴권을 인수했고 북한과 해상 석유 공동개발 협정을 맺기도 했다. 중국은 역시 50년동안 개발, 사용권을 갖는 조건으로 북한 나진의 항만, 공단 건설에 참여하면서 吉林省 훈춘과 나진을 잇는 고속도로 건설에 착수, 동해(East Sea/Japan Sea)로의 해상 출구를 확보할 수 있게 되었다.

째, 미국과의 敵對관계를 청산 못해 국제적인 고립이 지속되는 상황에서 북한은 유일한 정치적 후견국으로 자국의 경제를 지탱해주는 중국을 선택할 수밖에 없다는 것이고 중국도 북한 체제유지와 이러한 기회에 더욱 더 북한 정권에 대한 영향력을 유지할 필요성 때문이다. 그래서 북·중간 전에 없는 밀착이 일어나고 있다(연합뉴스, 2006.04.04).

중국 중앙정부와 省정부가 단동개발에 대대적으로 나선 것은 신의주를 '동반성장' 시키겠다는 의지의 표현이라고 단동지방관리가 주장하지만(동아일보, 2006.03.21) 지금의 개발은 중국이 주도권을 갖고 있는 형국이다. 따라서 북한이 중국의 '동북4省'인 것처럼 對中의존이 심화된다면 신의주도 중국 丹東의 '위성도시화'될 수도 있다는

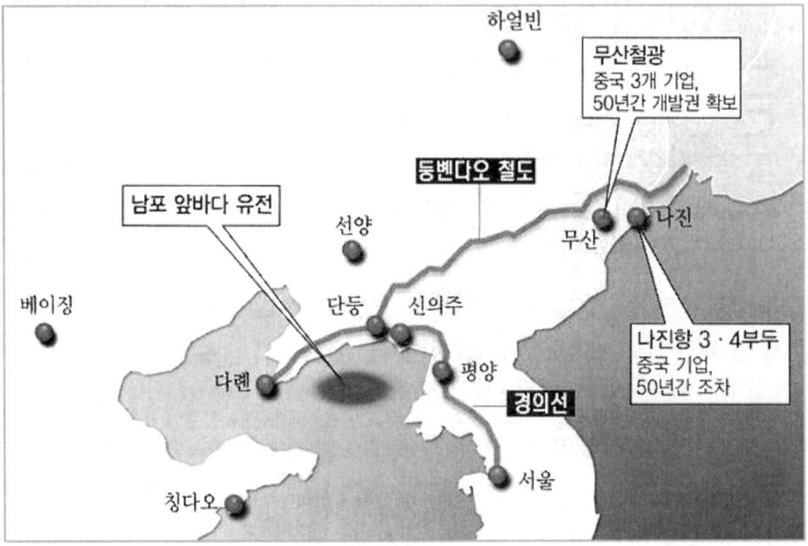

〈그림 2〉 중국의 새로운 對북한 진출

우려를 지울 수 없다.[4)]

V. 결론: 중-러-북 지방間 관계전망

동북아지역의 지방들은 그 지리적 인접성과 경제적 상호 보완성 때문에 교류협력해오고 있다. 특히 전 세계적인 지역주의, 분권화경향은 이를 더 촉진시킨다. 중국 동북3省과 러시아극동지방간 관계는 협력과 갈등이 혼재하는 관계라고 할 수 있겠다. 거대중국은 인접한 시베리아 · 러시아극동으로부터 경제성장에 필요한 자원을 얻고 러

4) 중국은 약 3천만평에 이르는 丹東臨江 산업단지를 조성하고자 하는데 신의주특구가 만들어져도 臨江 산업단지의 하청업체지역으로 전락할 것이다라는 예상이 丹東현지에서 나오고 있는 실정이다. 한국일보, 2007.06.13.

시아극동지방은 부족한 소비재, 식품, 노동력을 중국으로부터 공급받아 보충한다. 바로 양 지역은 경제적으로 상호 보완의 협력관계를 맺고 있는 것이다. 중국이나 러시아 모두 지방들의 권한이 강화되면서 양 지역 지방들끼리 경제협력도 그만큼 활발해졌다. 왜냐하면 대외교역과 경제협력부문에서 지방도 주체이기 때문이다. 바로 국경무역(변경무역)에서 일반무역 그리고 투자합작 등 다양하게 교류가 이루어지고 있다. 전 세계적인 지방분권화의 추세 속에 지방끼리의 협력이 앞으로 더욱 활성화 될 것이라 분석된다.

그러나 중·러는 두만강유역 개발계획과 같은 데서는 미묘한 이해차를 노정시킨다. 중국 동북3성과 러시아극동지방이 서로 아시아와 유럽을 잇는 루트의 역할 경쟁을 하기 때문이다. 그래서 두만강유역 개발과 관련해서는 지방끼리의 협력이 잘 진행되지 못했다.

어찌됐든 교류협력은 양 지역관계의 "빛"이라고 하다면 둘 사이에 "그림자"도 있는데 즉 러시아극동지역으로의 중국인 이주문제를 둘러싼 갈등이다. 양 지역간 이러한 쟁점은 시베리아·러시아극동지방의 입장에서는 대국化하는 중국에 대한 두려운 심정과 맞물리면서 증폭됐다. 그런데 둘 사이에 놓인 쟁점을 해결하기 위한 실마리를 찾는다는 것은 쉬운 일이 아닐 것이라 분석된다. 왜냐하면 러시아극동지역으로의 중국인 이주문제는 러시아극동지방의 인구가 감소하는 대신 중국 동북3省의 인구는 증가할 것이라는 전망이 나오는 현실이기 때문이다. 그래서 이 문제는 러시아 학계와 정계의 큰 이슈가 됐다.

북한 신의주와 중국 丹東지방은 협력과 종속관계 사이에 놓여있다고 평가할 수 있겠다. 부정적인 면이 좀 더 우세한 실정이다. 북한 신의주와 중국 단동은 양 국의 창구 역할을 하는 지방이지만 중국은 2002년 북한의 신의주 특별행정구를 좌절시켰다. 단동의 바로 이웃에 경쟁도시가 생겨나는 것을 방해한 것이다. 2006년 들어 중국이 오히려 단동과 연계한 신의주 개발을 구상하고 북한도 동의하는 형국이다. 즉 신의주 개발의 주도권을 중국이 갖고 있는 느낌이다. 단동의 한 국제여행사는 2007년 3월 초 신의주 1일관광 프로그램을 북한측과 합의했다. 또한 단동은 신의주 여객 터미널 및 관광단지 조성 공사에 투자하였다(조선일보, 2007.03.27). 북한 신의주는 결국 중국 단동과 '동반성장'하든지 혹은 단동의 '위성도시화' 할 위험이 있는데 후자가 될 가능성이 높다고 평가된다.

오늘날 북한 신의주와 러시아극동지방은 급성장하는 거대중국과의 협력과 갈등관계 속에 놓여 있다고 여겨진다. 앞으로도 러시아극동지역은 중국의 노동, 상품 및 자원시장으로 남게 되고, 이 지역으로 계속 여러 형태로 중국인들이 이주할 것이다. 그리고 최근 안정적인 원유자원 확보를 위한 시베리아 송유관 루트경쟁에서도 알 수 있듯이 이 지역을 두고 일본은 중국과 경쟁을 치열하게 할 것이고 미국 역시 관심을 갖고 나서게 될 것이다.

【참고문헌】

김우준, "러시아의 신정치질서: 중앙과 시베리아 · 러시아극동지방 간의 관계", 『국제정치논총』제40집 3호, 2000.

김우준, "중국 동북3성과 시베리아 · 러시아극동지방간 관계: 현황과 쟁점", 『현대중국연구』제5집 1호, 2003.

김원배, 신의주-단동 연계지역개발 방안의 모색, 김경석 · 김원배 · 이상준 편, 「한 · 중 · 조 협력실태와 지역개발의 전망」, 국토연구원 2000.

이상준, 김원배, 김영봉, 남경민, 「북한지역 권역별 발전구상에 관한 연구」, 국토연구원 2000.

임강택, 임성훈, 북한의 경제특구 개발과 외자유치 전략, 통일연구원 2004.

장명봉, 박정원, 「북한의 대외경제개방과 관련법제 정비동향」, 한국경제연구원 2001.

조선신보 2002-2003.

조선중앙통신사, 『조선중앙연감』1998.

시사저널, 2006.1.27.

中華人民共和國憲法

丹東統計年鑑 2001, 丹東市, 2002.

2005년도 중국 黑龍江省통계연감

國家計劃政策研究室編, 邁向2020年的中國, 中國計劃出版社, 1997.

王一, 中國地域經濟政策研究, 中國計劃出版社, 1999.

中國對外經濟貿易白皮書, 經濟科學出版社, 1999.

中國對外經濟貿易年鑒 1998/99, 中國經濟出版社, 1998.

國家統計局, 1999 中國統計年鑑, 中國統計出版社, 1999.

國家統計局, 1998 中國勞動統計年鑒, 國家統計局, 1998.

梁守德, 中國的發展與21世紀的國際格局, 中國社會科學出版社, 1998.

宋魁, 東北亞區域經濟合作概論, 哈爾濱：哈爾濱出版社, 1998.

劉家磊主編, 2000年東北亞地區經濟合作與發展, 哈爾濱：哈爾濱出版社, 1997.

沈聖英主編, 東北亞區域經濟合作： 背景, 現狀和戰略模式, 北京：中國對外經濟貿易出版社, 1994.

徐葵, 馬騰榮主編, 跨世紀的戰略抉擇: 90年代中俄關係實錄, 北京: 新華出版社,

1999.

對俄邊貿聯合信息网 http://www.e-russia.com.cn.

2005년 중국 吉林省무역자료, 吉林省商務廳

2005년도 중국 遼寧省통계연감

Alexseev, Mikhail A., Socioeconomic and Security Implications of Chinese Migration in the Russian Far East, *Post-Soviet Geography and Economics*. 121-141. 2/2001.

Darbakhov, Innokentii and Elena Kotova, "Yakutia's Trade Ties with China." *International Affairs*(Moscow), Vol. 49, No.1, 2003.

Dobriansky, Paula J., *Russian foreign policy: Promise or peril?*, Center for Strategic and International Studies, Georgetown University, 2000.

Filippov, M./Shvetsova, O., "Asymmetric bilateral bargaining in the new Russian Federation", *Communist and Post-Communist Studies*, 32-1, March, 1999.

Glaubitz, Joachim, Russland in Ostasien-Streben nach Einfluss und Mitsprache, *Osteuropa*. 588-599. 4/5 2001.

Goncharov, Sergei. "The Chinese in Russia: Who Are They?" *Far Eastern Affairs*(Moscow), Vol. 34, No.2, 2003.

Gries, Peter Hays, A "China Threat"? Power and passion in Chinese "Face Nationalism", American Peace Society, 2000.

Guiling, Liu, *Russian foreign policy in Putin presidency*, China Institute of Contemporary International Relations, 2000

Kerr, David, Problems in Sino-Russian Economic Relations, *Europe-Asia Studies*. 1133-1156. 7/1998.

Kim, Woo-Jun, *Die Autonomiebestrebungen der sibirisch-fernöstrichen Regionen vor dem Hintergrund der Sibirien-und Fernostpolitik der Sowjetunion und der Rußländischen Föderation*, Marburg: Tectum Verlag, 1999.

Larin, Alexander, Russia's Chinese Policy under President Vladimir Putin, *Far Eastern Affairs*. 3-18. 3/2001.

Margelov, Mikhail. "Russian-Chinese Relations: At Their Peak?" *International Affairs*(Moscow), Vol. 49, No.6, 2003.

Meyer, P.F., "The Russian Far East's Economic Integration with Northeast Asia: Problems and Prospects", *Pacific Affairs*, 72-2, Summer 1999.

Mikheev, Vassily. "China's Foreign Policy and Current Challenges to Russian-Chinese Relations." *Far Eastern Affairs*(Moscow), Vol. 31, No.4, 2003.

Stoner-Weiss, K., "Central Weakness and Provincial Autonomy: Observations on the Devolution Process in Russia", *Post-Soviet Affairs,* 15-1, March, 1999.

Tsyplakov, Sergei and Evgeny Popov. "Russian-Chinese Trade and Economic Cooperation: Current Problems and Outlook." *Far Eastern Affairs* (Moscow), Vol. 34, No.3, 2003.

Chebankova, Elena. "Putin's Struggle for Federalism: Structures, Operation, and the Commitment Problem" *EUROPE-ASIA STUDIES* 59, no. 2 (March) 2007.

Shlapentokh, Vladimir. "China in the Russian Mind Today," *Europe-Asia Studies 59,* no. 1 (January) 2007.

Portiakov, Vladimir. "New Chinese Migrants in Russia: Summing Up," *Far Eastern Affairs* 32, no. 2, 2004.

Karlusov, Viacheslav and Kudin, Andrei. "The Chinese Presence in the Russian Far East: A Historical and Economic Analysis," *Far Eastern Affairs* 30, no. 2, 2002.

러시아 연해변방주 경제발전위원회, 2006년도 러시아 연해변방주 사회경제 발전 총람

북핵 6자회담과 동북아 다자안보협력 구축 전망: 쟁점, 제약요인, 과제*

윤 태 영 | 경남대학교 경호비서학과 대우전임강사 |

Ⅰ. 서 론

북핵 6자회담은 2005년 11월 제5차 6자회담 1단계회의 이후 북한 위폐문제에 대한 미국의 금융제재로 북·미간 대립이 심화되면서 재개되지 못하고 있다. 북핵문제를 평화적 해결할 수 있는 중요한 계기가 되는 제4차 6자회담 2단계회의에서 9·19 공동성명이 채택된지 1년 이상이 되어가는 시점에서 해결의 실마리를 찾지 못하고 있다. 2차 북핵 위기는 2002년 10월 4일 북한의 고농축우라늄(HEU) 핵 프로그램 시인으로 대두되게 되었고, 북·미 양국은 선(先) 체제보장과 선(先) 핵개발 포기의 입장을 고수하면서 격화되기 시작하였다. 북한은 2003년 1월 10일 핵확산금지조약(NPT) 탈퇴 선언 이후

* 이 논문은 2003년도 한국학술진흥재단의 지원에 의하여 연구(KRF-2003-005-B00016) 되었으며, 『세계지역연구논총』, 제24집 3호 2006에 게재된 논문임.

국제원자력기구(IAEA) 탈퇴, 8천여 개의 폐연료봉 이동, 영변 5MW 원자로 재가동, 미사일 발사시험 등의 조치로 긴장을 단계적으로 고조시켜 왔다. 이러한 교착상황을 타개하기위한 노력으로 2003년 4월 23-25일 북·미·중 3자회담이 개최되었으나 북·미는 기존의 입장 차이만을 확인하고 합의점을 찾지 못하였다.

북핵문제에 대한 동북아 주변국의 우려가 고조되는 가운데, 중국의 적극적인 중재노력과 북·미간 입장을 조정을 통해 2003년 8월 27-29일 베이징에서 남북과 미·일·중·러가 참여한 제1차 6자회담이 개최되었다. 이후 2004년 2월 25-28일 제2차 6자회담, 2004년 6월 23-26일 제3차 6자회담, 2005년 7월 26일-8월 7일 제4차 6자회담 1단계회의 및 9월 13-19일 제4차 6자회담 2단계회의가 개최되었다. 제4차 6자회담 2단계회의에서는 마침내 그동안 난항을 거듭해왔던 중요한 사안에 합의를 이루어 6개항에 걸친 '9·19 공동성명'을 발표하였다. 이후 2005년 11월 9-11일 제5차 6자회담 1단계회의가 개최되었으나, 북한 위조지폐에 대처하기위한 미국의 금융제재와 이에 대한 북한의 해제요구로 진전을 이루지 못하고 종료되었다. 제5차 6자회담 1단계회의 이후 북핵문제는 북한의 위폐제조 및 유통에 대한 미국의 금융제재 강화, 2006년 5월 북한 탈북자 망명의 수용을 통한 인권차원에서의 미국의 대북 공세, 2006년 7월 5일 미사일 시험발사, 10월 9일 핵실험 및 10월 15일 유엔의 대북 결의안 통과 등으로 인해 교착상태에 빠져있었다. 그러나 10월 31일 미·중·북 3국의 6자회담 수석대표가 베이징에서 비공식 회담을 갖고 조속한 시일에 6자회담 재개를 합의하였다.

북핵 6자회담은 북한 핵개발 계획 포기, 체제안전보장 및 경제지원 등의 현안을 논의하고 있다. 이중에서 북한의 체제안전보장 문제는 한반도 평화체제 구축과도 연관이 있다. 향후 6자회담이 성공적으로 진행될 경우 한반도 평화체제 구축뿐만 아니라 동북아 주요 안보현안을 논의하는 동북아 다자안보협력체로 전환될 가능성을 내포하고 있다. 현재 동북아지역에서는 새롭게 등장하고 있는 '초국가적 위협(transnational threats)'이나 '비전통적 위협(nontraditional threats)'에 대한 공동 대처의 필요성이 강조되면서 다자안보협력의 필요성에 대한 공감대가 확산되고 있다. 이 지역에서는 아직 제도화 단계에는 접어들지는 못하고 있으나 아세안지역안보포럼(ARF: ASEAN Regional Forum), '아 · 태안보협력이사회(CSCAP: Council for Security Cooperation in Asia-Pacific)' 및 '동북아협력대화(NEACD: Northeast Asia Cooperation Dialogue)' 등 다자안보협력이 전개되고 있는 상황이다.

이러한 배경 하에 본 논문은 우선 북핵문제 해결을 위한 6자회담의 배경 및 제1-3차 6자회담의 전개과정을 살펴보고자한다. 둘째, 제4차 6자회담을 통한 9 · 19 공동성명과 제5차 회담에서 제기된 위폐문제와 금융제재, 미사일 및 핵실험 문제 등 새로운 쟁점을 분석하고자한다. 셋째, 동북아 다자안보협력체로 변형 또는 발전할 수 있는 가능성이 있는 북핵 6자회담의 활성화 방안과 동북아 다자안보협력 구축을 위한 제약요인 및 향후 과제를 제시하고자한다.

Ⅱ. 제1-3차 북핵 6자회담

1. 제1차 북핵 6자회담

2003년 8월 27-29일 베이징 조어대에서 개최된 1차 북핵 6자회담에서 나타난 현안별 미국과 북한 등의 입장은 다음과 같다. 첫째, 핵문제 해결 원칙에 있어 회담 참가국간에는 한반도 비핵화에 대한 공감대가 형성되었다. 북한도 한반도 비핵화가 궁극적 목표이고, 핵무기를 보유하는 것이 목표가 아니라는 입장과 함께 미국이 북한에 대한 적대정책을 변경할 경우 핵계획 포기가 가능하다는 입장도 밝혔다(외교통상부 2003, 1).

둘째, 핵문제 해결 방안에 있어 미국은 3단계 해법 안을 제시했다. 1단계에서 북한이 검증 가능한 핵 제거와 NPT에 복귀를 약속하면, 미국은 핵 해체 지원과 인도적 차원에서 식량지원을 확대한다는 의사를 밝혔다. 2단계로 북한이 핵 해체를 시작하면 미국은 북한의 에너지 수요조사를 하고, 핵이 완전히 제거되면 에너지 제공문제를 본격적으로 다룰 용의를 밝혔다. 또한 검증된 핵 해체가 시작되면 테러지원국 명단에서 북한을 제외하는 조건하에 북한과 대화준비를 모색할 것임을 표명하였다. 3단계에서는 북한의 핵 폐기가 완전히 검증되면, 미・북간의 관계 정상화를 목표로 대화를 시작하여 북한의 대량살상무기, 미사일, 재래식 군사력, 인권문제 등 주요 우려사항의 논의할 것임을 밝혔다(조선일보 03/08/30; 이대우 2003, 9-10). 반면 북한은 문제 해결 방식으로 2003년 4월 베이징 3자회담시 제기한 4단계 방안인 '동시 이행' 원칙을 강조하였다(외교통상부 2003, 2). 북한이 제기한 내용은 (1) 미국의 중유공급을 재개와 인도적 식량 지원 대폭 확대와 동시에 북한의 핵 포기 의사 선포, (2) 미국과 불가침 조약 체결과 전력손실 보상 시점에서 북한의 핵시설과 핵물질 동결 및 사찰 허용, (3) 북・미 및 북・일 외교관계 수립과 동시에 북한의 미사일 문제 해결, (4) 경수로 완공 시점에서 북한의 핵시설 해체 등이다(외교통상부 북핵외교기획단 2004a, 2-3).

셋째, 핵 폐기 문제에 있어 한・미・일은 북한이 '완전하고 검증 가능하며 돌이킬 수 없는 방법으로 핵을 폐기(CVID: Complete, Verifiable and Irreversible Dismantlement)' 할 것을 촉구하였다. 한편 북한은 선

(先) 핵 폐기 및 조기사찰 수용 불가 입장을 주장하면서, 미·북간 '동시이행' 원칙을 주장하였다. 중·러는 한반도 비핵화의 필요성을 강조하면서 북한 핵 폐기와 북한의 안보 우려를 동시에 해소해야하는 필요성을 지적하였다. 넷째, 대북 안전보장 제공 문제에 있어, 미국은 대북 불공격 의사를 재확인하면서 불가침 조약 체결은 불가능하다는 입장을 밝혔다. 반면 북한은 미국만이 유일한 위협이기에, 다자적 안전보장은 불필요하며 북·미 불가침 조약의 체결을 주장하였다. 다섯째, 대북 경제 및 에너지 지원 문제에 있어 한·미·일은 북한의 핵 폐기가 이행될 경우 대북 에너지 제공을 검토할 수 있다는 입장을 시사하였다(외교통상부 2003, 3).[1)]

이러한 현안별 입장을 정리하여 주최국인 중국은 폐막식에서 제1차 북핵 6자회담의 결과를 '주최국 요약' 형식으로 발표하였다. 그 내용은 (1) 대화를 통한 핵문제의 평화적 해결, (2) 한반도 비핵화 유지 및 북한의 안보 우려 해결, (3) 단계적, 동시 또는 병행실시 방식에 찬성, (4) 회담 진행과정 중 정세 고조 및 악화 행동 자제, (5) 대화유지, 신뢰구축, 이견축소, 공동인식 확대, (6) 6자회담의 모멘텀 유지 및 외교채널을 통한 차기회담의 시기와 장소의 조속한 확정 등이었다(조선일보 03/08/30).

2. 제2차 북핵 6자회담

2004년 2월 25-28일간 베이징 조어대에서 2차 북핵 6자회담이 개최되었다. 주요 현안에 대한 참가국의 입장은 다음과 같다. 첫째, 핵 폐기 문제에 있어 한·미·일 3국은 북한이 '완전하고, 검증 가능하며, 돌이킬 수 없는 방식으로 핵 폐기(CVID)'를 하여야 한다는

1) 1차 6자회담 이후 각국의 평가 및 입장은 외교통상부 북미1과, "제1차 6자회담 결과 관련 각국 입장 발표," 2003.8.31 참고.

확고한 입장을 표명하였다. 반면 북한은 미국의 대북 적대시 정책 포기시 핵무기 계획을 포기할 준비가 되어 있다는 입장을 표명하였다. 특히 북한은 대북 적대시 정책 포기 여부 판단 기준으로 (1) 북한에 대한 불가침 확약, (2) 북・미 외교관계 수립, (3) 북한과 주변국과의 경제협력 관계 불방해 등을 제시하였다. 중・러 또한 북한의 핵무기 개발 계획이 CVID 방식으로 되어야 한다는 점을 확인하였다 (외교통상부 2004a, 1).

둘째, 대북 안전보장 문제에 있어 미국은 북한을 침공할 의사가 없으며, 북한의 정권교체를 추구하지 않음을 재확인하였다. 북한은 미국의 대북 적대시 정책 포기 여부를 판단하는 기준중의 하나로 대북 불가침 확약을 요구하였다. 셋째, HEU 핵 프로그램 문제에 대해 한・미・일 3국은 북한이 HEU 핵 프로그램 문제를 명확하게 해명하고 이를 폐기하여야 함을 강조하였고, 북한은 이에 대해 HEU 프로그램 존재 자체를 부인하였다. 한편 중국은 북한의 HEU 프로그램이 있다면 동결 및 폐기 대상에 포함되어야 한다는 입장이었으나, 이 문제로 인해 회담의 파국은 피해야한다는 점을 강조하였다(외교통상부 북핵외교기획단 2004a, 5-6).

넷째, 핵 동결 대 상응조치와 관련, 북한은 비핵화를 위한 첫 단계로서 핵 동결을 실시할 수 있다는 입장을 밝히고 이에 대한 보상을 요구하였다. 한국은 북한의 '핵 동결 대 대응조치' 제안에 대해 (1) 동결의 범위에 있어 모든 핵 프로그램에 대한 핵 활동, 핵물질 및 관련시설 동결, (2) 이에 대한 동결의 검증, (3) 동결의 기간에 있어 핵 폐기 안 마련을 위한 단기간의 동결을 제안하였다. 아울러 한국은 북한이 한국의 제안을 수용할 경우 동결기간 동안 잠정적으로 에너지를 지원하는 방안의 검토를 제안하고, 이에 대한 참가국간 합의가 이루어질 경우 에너지 지원에 동참할 용의를 표명하였다. 이에 대해 미·일은 CVID 실현을 위한 첫 단계 조치로서 핵 동결 대 에너지 지원을 추진하는 한국의 제안에 이해와 지지를 표명하였다. 한편 중·러는 일정한 조건하에 핵 동결이 이루어지는 경우 6자회담 틀 내에서의 대북 에너지 지원에 참여하는 것을 긍정적으로 고려중임을 표명하였다(외교통상부 2004a, 2-3).

제2차 회담에서는 이러한 참가국간 주요 합의사항을 제1차 회담시 '의장요약 발표문'보다 한 단계 격이 높은 '의장성명' 형식으로 발표하였다. 그 주요 내용은 (1) 한반도 비핵화 및 대화와 평등에 기초한 협의를 통한 핵문제의 평화적 해결에 대한 참가국들의 의지 표명, (2) 핵문제 해결 및 관련된 관심사를 다루는데 있어 '조율된 상호조치' 모색, (3) 2004년도 2/4분기 내에 베이징에서 제3차 6자회담 전체회의 개최, 이를 준비하기위한 실무그룹 구성 합의 등이었다(외교통상부 북미1과, 2004; 조선일보 04/03/01).[2)]

한편 제2차 6자회담에서 합의된 1차 실무그룹(W/G)회의가 2004년 5월 12-14일 베이징 조어대에서 개최되었다. 제1차 실무그룹회의에서 표출된 각국의 주요 현안에 대한 입장은 다음과 같다. 첫째, 핵 폐기 원칙에 있어 미국은 CVID 원칙을 강조하였다. 그러나 북한은 CVID는 수용할 수 없으며, 일정한 조건이 충족되면 핵무기 계획을 투명하게 포기한다는 입장을 표명하였다. 중·러는 CVID 표현에 직접적인 이의는 제기하지는 않았으나, 평화적 핵 이용 문제 등에서 미국 측과 다소 다른 입장을 취했다. 둘째, 핵 동결 대 상응조치와 관련, 북한 측은 핵 동결은 핵 폐기 과정의 첫 단계로 간주하고 검증 가능하게 합의된 조건에 따라 동결할 수 있다는 입장과 핵 동결의 주요 요소로 '대상, 검증, 기간, 시점'이 있음을 거론하였다. 그러

2) 2차회담 직전 미국의 정책방안에 대한 논의는 Balbina Y. Hwang, "The Six-Party Talks: Keeping Diplomacy Alive," WebMemo #430, The Heritage Foundation, February 23, 2004 참고.

나 북한 측은 CVID 원칙하의 동결에 대한 논의는 진행이 불가하다는 입장을 고수하였다. 한국은 기존의 '동결 대 상응조치' 방안 하에 에너지 지원 구상을 제시하였고, 중국도 대북 에너지 지원에 6자회담 참가국 및 국제사회의 적극적 참여를 촉구하였다. 이에 대해 미·일은 북한의 핵 동결시 한·중·러의 에너지 지원에 대한 지지를 밝혔다. 셋째, HEU 프로그램 문제에 있어, 미국은 HEU 프로그램에 대한 북한의 해명을 촉구하였으나 북한은 HEU 프로그램의 존재를 부인하였다(외교통상부 북핵외교기획단 2004b, 3-4; 외교통상부 북미국 2004, 3-4; 백학순 2004, 2-3).

3. 제3차 북핵 6자회담

제3차 북핵 6자회담은 2004년 6월 23-26일 베이징 조어대에서 개최되었다. 본 회담 개최에 앞서 6월 21-22일에는 제2차 실무그룹회의가 개최되었다. 주요 현안에 대한 참가국의 입장은 다음과 같다. 첫째, 핵 폐기 원칙에 있어, 미국은 제1차 및 제2차 회담 때와는 달리 CVID 표현을 쓰지 않고 다른 표현으로 폐기 원칙을 언급하였다. 반면 북한은 미국이 적대시 정책을 포기할 경우 핵무기 관련 프로그램을 투명하게 포기할 수 있다는 기존의 입장을 유지하였다(외교통상부 2004c, 2).

둘째, 핵 동결 및 폐기 방안과 관련, 미국은 단기간의 준비기간을 포함한 폐기과정을 상정하였고, 북한은 모든 핵무기 관련 시설과 재처리를 통해 나온 결과물을 동결하고, 동결기간 동안 핵무기의 제조, 이전, 시험 중단을 표명하였다. 한국은 북한이 모든 핵 프로그램을 일정기간 내에 신고하고 국제적 감시 하에 동결 및 단기간 내 핵 폐기 과정의 이행을 제안하였다. 셋째, 핵 동결 및 폐기에 대한 상응조치와 관련, 미국은 단계적인 상응조치 이행 방안을 제안하였다.

즉 '초기 준비기간' 중 대북 중유공급, 잠정적 다자안전보장 제공, 북한 에너지 수요 연구, 테러지원국 명단 삭제 및 경제제재 해제 문제에 대한 협의 개시, 과학자·기술자 재교육 및 핵 폐기 과정에서의 기술적·재정적 지원 제시 등을 제안하였다. 또한 미국은 이러한 과정 이후 폐기 관련 조치가 완료되면서 항구적 안전보장의 제공과 외교관계 정상화의 장애 해소를 제시하였다. 반면 북한은 동결에 대한 반대급부로 200만 KW 능력의 에너지 지원, 테러지원국 명단 삭제, 대북 경제제재·봉쇄 해제를 요구하였다. 아울러 미국이 대북 에너지 지원에 동참할 경우, 테러지원국 명단 삭제와 제재해제 문제에 대해 신축적 입장을 취할 용의를 표명하였다. 넷째, HEU 문제에 있어 한·미·일은 북한이 HEU 프로그램을 시인하고 이를 동결 및 폐기할 것을 요구하였고, 북한은 이에 대해 HEU 프로그램 존재를 전면 부인하는 입장을 유지하였다(외교통상부 2004c, 2-3; 이상현 2004, 18). 3차 6자회담의 가장 큰 성과는 북핵 해법의 1단계로 북한의 핵 동결과 미국의 보상안이 논의되는 토대를 마련했다는 점이다.

이러한 주요현안에 대한 입장 하에 참가국들간 합의에 의해 다음 사항을 포함하는 의장성명이 채택되었다. 첫째, 실무그룹회의 운영에 관한 '개념문건(concept paper)'을 승인하였다. 둘째, 한반도 비핵화 원칙에 대한 의지 재확인 및 이를 위한 초기 단계 조치들의 조속한 이행의 필요성을 강조하였다. 셋째, '말 대 말', '행동 대 행동'의 단계적 과정에 대한 필요성을 강조하였다. 넷째, 제4차 6자회담을 9월말 이전에 베이징에서 개최하자는데 원칙적으로 합의하였다. 다섯째, 실무그룹회의를 조속히 개최하여 비핵화를 위한 초기조치들로써 범위, 기간, 검증 및 상응조치들을 구체화하고, 이를 제4차 본회담에 건의하기로 하였다(외교통상부 2004b, 2).

Ⅲ. 북한의 핵보유 선언 및 제4-5차 6자회담

1. 북한의 핵보유 선언

제3차 6자회담 이후 북한은 미국의 대북한 적대시 정책과 한국의 우라늄 분리실험과 플루토늄 추출실험 논란을 이유로 6자회담의 개최를 거부하였다. 아울러 2004년 9월 27일 북한 최수헌 외무부상은 폐연료봉 8000개를 재처리해서 무기화했다며 대미 강경입장을 밝혔다(조선일보 04/09/30).[3] 이렇게 북핵문제가 교착상태에 빠진 상황 속에서 2004년 11월 미국 대선에서 부시대통령이 재선되었고, 2기 부시행정부에 대한 북한의 비판이 고조되는 가운데 6자회담의 재개는 더욱 불투명해졌다. 이러한 상황 하에서 북한은 2005년 2월 10일 외무성 성명을 통해 북한은 "부시행정부의 증대되는 대조선 고립압살정책에 맞서 핵무기전파방지조약에서 단호히 탈퇴하였고 자위를 위해 핵무기를 만들었다"고 공식적으로 선언하고, 6자회담 참가를 무기한 중단하겠다고 발표하였다(연합뉴스 05/02/10).

북한의 핵무기 보유 공식선언 이후 미국 정부관계자들의 북핵문제의 유엔 안보리 회부관련 언급과 북한의 핵실험 여부에 대한 논의가 급부상하면서 북핵 6월 위기설이 대두되어 한반도에서 군사적 긴장이 고조되기 시작하였다. 2005년 4월 북한 한성렬 유엔 차석대사는 영변 원자로 가동중단 및 폐연료봉 재처리 계획을 발표하였고, 마침내 5월 11일 북한 외무성은 영변에 있는 5MW 시험 원자력발전

3) 북한의 핵보유 가능성에 대한 미국의 평가는, Sharon A. Squassoni, "North Korea's Nuclear Weapons: How Soon an Arsenal?," *CRS Report for Congress*, Updated February 2, 2004 참고.

소에서 8천개의 폐연료봉 추출작업을 완료했다고 밝혔다. 한편 5월 말경에는 미국 뉴멕시코 주 공군기지에 있던 F-117 스텔스 전폭기 15대와 제49 전투비행단 소속 미 공군 장병 250여 명이 군산 공군 기지에 이동 배치된다는 보도가 있었고, 6월 7일 주한미군 사령부가 F-117 스텔스 전폭기 15대의 배치완료를 밝혔다.[4)]

이렇게 북한의 핵 보유 선언으로 북・미간 군사적 긴장이 고조되면서 한반도 위기가 심각하게 우려되는 상황 속에서, 2005년 6월 10일 한・미 정상은 회담을 갖고 한반도 비핵화, 북핵 불용 및 북핵문제의 평화적 해결을 합의하고, 북한에 대해 6자회담의 참가를 촉구하였다(조선일보 05/06/11). 한편 평양에서 거행된 6・15 남북공동선언 5주년 기념행사에 참가한 한국측 대표단 정동영 통일부 장관과 김정일 국방위원장과의 회담이 6월 17일 이루어졌다. 이 회담에서 김정일 위원장은 7월중 6자회담에 복귀할 의사와 한반도 비핵화가 유효하다는 입장을 표명하였다(조선일보 05/06/18). 이러한 한・미 정상회담과 남북간의 회담과 더불어 북・미간 협의가 진행되어, 7월 9일 북한 조선중앙TV는 북한 외무성 부상 김계관과 미국 국무부 차관보 크리스토퍼 힐의 7월 9일 베이징 회담을 보도하며 북・미는 제4차 회담을 개최하기로 합의하였다고 밝혔다(윤태영 2005, 259-260). 북한의 제4차 6자회담에의 복귀 의도는 (1) 한국의 대북 중대 제안 확보, (2) 시간벌기로 핵 보유국 기정사실화, (3) 미국과의 직접 협상을 통한 정치적 타결 등으로 볼 수 있다(남만권 2005a, 3).

---

4) 미국의 대북 군사조치에 대한 시나리오는 Edward F. Bruner, "North Korean Crisis: Possible Military Options," *CRS Report for Congress*, July 29, 2003; Phillip C. Sanders, "Military Options for Dealing with North Korea's Nuclear Program," *North Korea Special Collection*, January 27, 2003, Monterey Institute of International Studies 참고.

2. 제4차 북핵 6자회담: 협상과정, 공동성명 및 주요쟁점

(1) 제4차 6자회담 1단계회의

이에 따라 2005년 7월 26일부터 8월 7일까지 제4차 6자회담 1단계회의가 베이징에서 개최되었다. 이 회담 기조연설에 나타난 양국은 입장을 보면, 미국은 북한의 선(先) 핵 폐기를 주장한 반면, 북한은 미국의 핵 위협이 제거되면 핵 폐기를 공약하겠다는 것이었다. 결국 북・미 양자회담과 중국의 중재안에도 불구하고 13일간 진행된 제4차 회담은 합의문을 도출하지 못한 채 3주간 휴회되었다. 합의에 실패한 가장 큰 이유는 북한의 평화적 핵 이용 허용 문제였다. 미국은 군사용과 평화용을 불문하고 북한은 모든 핵을 포기해야한다는 입장이었고, 반면 북한은 군사용 핵과 이와 관련한 핵 프로그램만 포기한다는 입장이었다(조선일보 05/07/28, 05/08/09;동아일보 05/08/08; 문화일보 05/07/28; 김근식, 2005, 3-4).

13개월 만에 재개되어 13일간 진행되었던 1단계 회담이 휴회되면서 발표된 의장성명의 주요내용은 (1) 한반도 비핵화 목표에 관한 논의와 공동인식 확대, (2) 평화적 방법을 통한 한반도 비핵화 실현 재확인, (3) 상호입장 연구와 잠시 휴회 결정, (4) 휴회기간 동안 상호 의사소통과 협의 지속 등이었다(백승주, 2005, 1). 그러나 몇 가지 측면에서 1단계회담의 성과를 살펴보면, 첫째, 6자회담의 유용성을 인정한 부분이다. 둘째, 북한이 핵 폐기 원칙에 합의할 경우 북한이 요구하는 보상이 필요하다는 원칙에 일정부분 합의하였음을 시사하고 있다. 셋째, 6자회담 참여국 어느 국가도 회담 결렬을 피하고자 했으며, 폐회 대신에 휴회를 선택했다는 점이다(백승주 2005, 2).

(2) 제4차 6자회담 2단계회의

3주 휴회 후 재개하기로 한 제4차 6자회담 2단계회의는 다소 연기되어 2005년 9월 13일부터 19일까지 베이징 조어대에서 7일간 개최되었다. 마침내 제4차 6자회담 2단계 회의에서는 우여곡절을 거쳐 6자회담의 원칙과 목표를 담은 '9 · 19 공동성명'이 채택되었다.

'9 · 19 공동성명'의 제1조는 북핵 폐기 및 북한의 안보우려 해소 조항으로, 북한은 모든 핵무기와 현존하는 핵 프로그램을 포기하고 조속한 시일 내에 NPT와 IAEA의 안전조치에 복귀할 것을 공약하였고, 미국은 북한을 핵무기 혹은 재래무기로 공격 및 침공 의사가 없음을 약속하였다. 6자회담 참가국들은 북한의 평화적 핵 이용권을 존중하고 적절한 시기에 경수로 제공문제 논의에 동의하였다. 제2조는 관계정상화 조항으로, 미 · 북은 상호 주권존중과 평화적 공존을 확인하고 관계정상화 조치를 위해나가기로 하였다. 아울러 북 · 일도 관계정상화 조치를 취해나가기로 하였다. 제3조는 대북 국제적 지원 조항으로, 5개국은 대북 에너지 지원 용의를 밝혔으며, 한국은 2백만KW 전력공급 제안을 재확인하였다. 제4조는 한반도 및 동북아 안정과 평화비전 제시 조항으로, 직접 당사국들간 별도 포럼에서 한반도 평화체제 구축을 위한 협상을 개최하고, 동북아 안보협력 증진방안도 모색하기로 하였다. 제5조는 이행원칙 조항으로, '공약 대 공약', '행동 대 행동' 원칙에 입각 단계적으로 상호 조율된 조치를 취하기로 하였다. 마지막 제6조는 차기회담 조항으로 제5차 6자회담을 11월초 베이징에서 개최하기로 합의하였다(외교통상부 2005a; 김태우 2005a, 1).

이러한 '9 · 19 공동성명'의 채택 의의는 다음과 같다. 첫째, 북핵 폐기 및 이행 원칙에 합의하여 공동성명을 채택함으로써 북한의 '모든 핵무기와 현존하는 핵 프로그램' 포기, NPT 복귀 및 IAEA 사찰 수용 공약을 명문화한 것이다. 둘째, 북·미 및 북·일 관계 정상화, 북한의 안보우려 해소, 경제지원 등 북한의 관심사항이 포괄적으로 포함된 다자적 합의이다. 또한 북한의 개방 및 국제사회 편입의 가속화 유도하는 계기를 마련하였다. 셋째, 한반도 냉전체제 해체를 위한 평화체제 구축과 동북아 다자안보협력 모색을 위한 계기를 마련하였다. 넷째, 6자회담이 본 궤도에 진입함으로써 남북관계 진전에도 새로운 전기를 마련했다고 볼 수 있다. 다섯째, 한국의 역할을 평가하면, 북핵 불용, 평화적 해결, 주도적 역할이라는 북핵 해결 3대원칙에 입각한 주도적 역할 하에 2005년 6월 한·미 정상회담과 3차례의 남·북 수뇌급 접촉(4월 23일 자카르타, 6월 17일 평양, 8월 17일 서울)을 통해 두 차례의 제4차 6자회담을 성사시켜 북핵문제 및 한반도 문제의 포괄적 해결기반을 마련한 성과를 이끌어내는데 기여했다(외교통상부 북핵외교기획단 2005).

그러나 비록 2005년 '9·19 공동성명'에서 북한의 모든 핵무기와 핵 프로그램의 포기와 NPT와 IAEA에 복귀 등 원칙적인 합의는 이루었으나, 실제적으로 북핵문제는 핵 사찰 범위와 시점, 핵 폐기 착수 시점과 과정, 북·미, 북·일 관계정상화 속도와 조건, 에너지 및 새로운 경수로 제공 문제 등 여러 가지 난관을 남겨두었다. 특히 공동성명의 표현을 두고 북·미간에 서로 다른 해석 논란이 불거져 나왔다. 공동성명이 발표된 다음날 북한은 외무성 담화를 통해 '선(先) 경수로 제공, 후(後) 핵 포기'를 밝혔고, 미 국무부는 대변인 브리핑을 통해 '선(先) 폐기, 후(後) 경수로 제공 논의'를 밝혔다. 또한 공동성명에 나타난 핵 '포기(abandon)'의 의미를 두고 미국은 '폐기(dismantle)'의 의미로 보고 있고, '현존하는 핵 프로그램' 문구를 두고 미국은 북한이 부인하는 HEU 프로그램의 폐기도 포함된다는 입장을 취했다(동아일보 05/09/21; 문화일보 05/09/21; 조선일보

05/09/27; 이상현 2005, 1-2).[5)]

3. 제5차 6자회담 1단계회의

이후 제5차 6자회담 1단계회의가 2005년 11월 9-11일 베이징에서 개최되었다. 사흘간의 공식일정을 마무리하고 의장성명을 채택했지만, 2단계회의 날짜를 잡지 못하고 막을 내렸다. 1단계회의 주요쟁점은 '9 · 19 공동성명'의 이행방안 마련이었으나, 북한이 마카오 '방코 델타 아시아은행(BDA)'과의 거래금지 조치 해제를 요구함으로써, 회담이 진전되지 못하고 각국의 이행방안이 제시되는 선에서 종료되었다. 미국은 북한 위폐 문제와 관련하여 2005년 9월 21일 북한 8개 기업의 미국 내 자산을 동결하고 9월 30일 '방코 델타 아시아은행'을 '우선적 돈세탁 우려' 대상으로 지정하여 금융제제를 발동한 바 있다(조선일보 05/11/11). 북한이 제시한 이행방안은 '핵 실험 보류 → 핵 이전 금지 → 핵 추가 생산 금지 → 검증을 통한 핵 활동 중지 및 폐기 → NPT 및 IAEA 복귀' 등 단계적 방식이었다. 그러나 미국이 제시한 이행 방식은 북한의 영변 원자로의 가동과 핵 재처리 중단 이후, 폐기를 위한 조치를 단계적으로 이행하는 방식이었다. 또한 미국은 북한이 우선적으로 NPT 복귀 및 핵사찰 수용의 단계를 이행할 것을 요구하였다(이호령 2005b, 1-2; 김태우, 2005b, 191-192; 조성렬 2005, 5-6).

주목할 만한 성과를 거두지 못한 이 회의에서 채택된 의장성명은 (1) '공약 대 공약', '행동 대 행동' 원칙에 따라 공동성명의 전면 이

---

5) Balbina Y. Hwang, "Cautious Optimism for the Six-Party Talks," September 21, 2005, *WebMemo #850*, Heritage Foundation, p.1. 홍현익, "제4차 6자회담: 평가와 대책," 『정세와 정책』, 2005년 10월호; 이헌경, "북한의 핵전략과 북 · 미간 타협: 원론적 타결과 전망," 『세계지역연구논총』, 제23집 2호 2005, pp.229~231 참고.

행, (2) 신뢰구축과 조율된 방식에 따른 이행과정 개시와 완결 의지 확인, (3) 가능한 가장 빠른 일자에 2단계회의 개최 합의 등의 내용을 담고 있다(외교통상부 2005b).

Ⅳ. 북한의 위폐, 미사일 문제 및 핵실험

1. 북한 위폐문제 및 인권문제

2006년 북·미관계의 전개상황을 보면 핵문제와 더불어 부각되고 있는 현안이 북한의 위조지폐 제조, 인권 및 미사일 문제 등이다. 제5차 북핵 6자회담 1단계회의 이후 미국은 북한 위폐 및 돈세탁 문제 등을 6자회담과 연계시키지 않는다는 입장을 유지하였다. 그러나 북한이 대북 금융제재 해제가 6자회담 개최 전제조건이라고 요구하면서 북핵 6자회담 재개와 진행에 걸림돌이 되고 있는 상황이다. 북한은 2006년 신년 공동사설에서 '미제의 새 전쟁 도발책동'에 대항하기위한 투쟁에 총궐기할 것을 언급하면서, '9·19 공동성명'에도 불구하고 미국의 금융제재, 범죄정권 발언, 인권압박 등으로 미국의 대북정책 진의에 대한 의구심을 강하게 표출하였다(통일연구원 2006, 3-5).

그러나 2006년 1월 5일 라이스 미국 국무장관은 미국은 북한이 6자회담 재개를 위해 금융제재를 중단해달라는 요구에 응하지 않을 것임을 분명히 하였다. 2006년 1월 23일 미국 재무부 테러자금 및 금융범죄 담당 글래저 부차관보의 방한시 북한의 달러화 위폐 제조, 돈세탁, 대량살상무기(WMD: Weapons of Mass Destruction) 확산과 관련한 자금흐름은 국제안보에 중대한 위협으로 작용한다고 강조하였다. 또한 미 재무부는 3월 30일 북한 군부의 유럽 내 브로커로

WMD 확산관련 활동에 연루된 스위스 산업물자 도매회사인 '코하스 AG'에 대해 미국 내 모든 자산을 동결하고 미국 기업과의 거래관계를 전면금지하는 제재조치(대통령 행정명령 형식)를 발동했다(조선일보 06/04/01). 한편 2006년 4월 13일 동북아시아협력대화(NEACD)에 참석차 동경을 방문한 김계관 북한 외무성 부상은 북·미 양자회담이 불발된 후 기자회견에서 마카오 방코 델타 아시아(BDA)의 동결 해제가 6자회담 재개의 전제조건이라고 밝혔다(조선일보 06/04/14).[6)]

그러나 미국은 대북 금융제재가 효과를 보이고 있다고 평가하고, 북한이 '9·19 공동성명'대로 핵 포기를 하지 않을 경우, 북한으로의 자금유입 차단 등 제재조치를 강화하였다. 스튜어드 레비 미국 재무부 금융범죄담당 차관은 7월 26일 자금은 전용할 수 있기 때문에 합법적인 거래도 미사일 프로그램이나 WMD에 악용될 수 있기에, 북한 미사일과 WMD 거래 연루기업에 대해서는 모든 유엔 회원국들이 자국내 자산동결 등의 조치를 취해야한다고 주장했다. 이와 관련 미국 의회조사국(CRS)의 래리 닉시 선임연구원은 8월 1일 인터뷰에서 북한이 광범위한 불법행위에 관여된 이상 미국은 관련된 금융계좌 뿐만 아니라, 북한 지도층의 해외은행에 보유하고 있는 합법적인 계좌까지 문제 삼을 수 있다고 경고하였다. 즉 미국은 위폐

6) 이러한 북한 주장의 배경에 대해서는 Larry A. Niksch, "North Korea's Nuclear Weapons Program," *CRS Issue Brief for Congress*, Updated April 7, 2006, p.4 참고. 2006년 3월 22일 미국 의회조사국(CRS)의 북한의 달러화 위조지폐에 관한 보고서에서는 북한이 매년 약 1,500만 달러-2,500만 달러에 이르는 위조지폐를 발행하고 있으며, 북한이 부인함에도 불구하고 적어도 4,500만 달러 이상의 정교한 북한산 위조 달러(super note 혹은 super K라고 불림)가 적발되었다고 밝히고 있다. Raphael F. Perl and Dick K. Nanto, "North Korean Counterfeiting of U.S. Currency," *CRS Report for Congress*, March 22, 2006, p.1. 이춘근, "미국의 대 북한 전략과 북한의 위조지폐문제," 국제이슈해설, 자유기업원, 2006년 4월 20일, p.3 참고.

뿐만 아니라 북한의 지도층의 부패자금이 돈세탁 등을 통해 테러자금 및 WMD 개발자금 조성과 흐름을 돕는 결과가 된다는 것을 심각하게 우려하고 있다(세계일보 06/07/28; 조선일보 06/08/02; 국민일보 06/08/11).

한편 미국은 2006년 3월 16일 발표된 '국가안보전략(NSS) 2006' 보고서에서 '폭정종식' 및 '민주주의 확산'을 강조하며, 북한을 7개 폭정국가 중 첫 번째 국가로 거명하면서 압박을 가하고 있다(The White House 2006, 3-4).[7] 인권문제와 관련하여 미국은 2005년 12월 19일 UN총회에서 대북 인권결의안이 통과된 것을 계기로 대북 인권문제에 대한 국제적 쟁점화 노력을 가속화하고 있다. 2006년 1월 17일 제이 레프코위츠 미국 국무부 북한 인권특사는 2004년 발효된 북한인권법에 따라 탈북자를 수용하기위한 후속조치를 취하겠다고 밝혔다(중앙일보 06/01/18; 조선일보 06/01/28). 실제 2006년 5월 5일, 탈북자 6명이 동남아 제3국을 거쳐 미국에 도착함으로써, 미국 행정부의 탈북자 직접 수용정책이 본격화되기 시작하였다.

2. 북한 미사일 문제

북핵 6자회담의 개최가 북한 위폐문제와 연계되어 답보상태에 머물고 있는 가운데, 북한은 주변국의 자제 요청에도 불구하고 7월 5일 03:32분부터 7기의 미사일을 동해상으로 발사하였다. 03:32경 강원도 안변군 깃대령 소재 발사장에서 첫 발사가 이루어졌고, 04:04, 07:12, 07:31, 08:17 및 17:22경 미사일을 추가로 발사하여, 6기의 스커드 및 노동급 미사일 발사하였다. 이후 05:00경 함경북도 화대군

---

7) 송대성, "2006년 미국 국가안보전략(NSS) 핵심내용 및 의미," 『정세와 정책』, 2006년 4월호, pp.1~2; 김열수, "미국의 국가안보전략서와 한국안보," 『월간 u-안보리뷰』, Vol. 3, 2006.4.15, pp.1~2 참고.

대포동에서 대포동 2호 미사일 1기를 발사하여 총 7기의 미사일 발사가 이루어졌다. 스커드 및 노동급 미사일의 정확한 탄착점은 확인되지 않았으며, 대포동 미사일은 실패한 것으로 알려지고 있다. 스커드 및 노동급 미사일은 약 500km-800km 정도 비행하였으며, 대포동 미사일은 발사 42초 간 정상 비행하다 이후 이상이 생긴 상태에서 총 7분간 499km를 비행하다 동해 해상에 추락하였다(통일부 2006a, 1; 동아일보 06/07/07).

북한의 도발에 대응하여 유엔안전보장이사회는 7월 15일 중국과 러시아를 포함한 15개 이사국의 만장일치로 북한 미사일 발사를 비난하고, 유엔 회원국들에게 북한의 미사일과 미사일 관련 물자나 기술조달 및 미사일 또는 WMD 프로그램과 관련된 금융자산의 이전에 대해 주의를 기울이고 방지할 것을 요청하는 내용의 대북 결의안 1695호를 채택하였다(조선일보 06/07/17). 이에 대해 북한은 박길연 유엔주재 대사를 통해 안보리 결의를 전적으로 거부하다면서 자위력 강화를 위해 미사일 발사를 계속하겠다고 반발하였다.

미국은 북한 미사일 발사에 대해 외교적 해결을 강조하면서도, 미사일 발사는 북한이 1999년 합의하고 2002년 재확인한 발사 유예방침을 위반하는 도발행위라고 비난하였다. 아울러 북한은 6자회담에 복귀하고 9.19 공동성명을 이행할 것과, 양자회담에는 응할 수 없으나 6자회담 틀 내에서 양자회담은 수용할 수 있다는 입장을 밝혔다. 또한 북한이 유엔결의안을 이행하지 않고 추가도발을 감행할 경우, 미국은 유엔헌장 7장적용을 포함한 필요한 조치를 취할 것임을 강조하였다(이대우 2006, 11).

대북 유엔 안보리 결의안에 채택된 이후 미국은 한국정부에 '확산방지구상(PSI: Proliferation Security Initiative)'에 전면적인 참여를 요청하였으나, 한국은 거부입장을 표명하였다. 한국은 2005년 8월 미국이 요청한 PSI 협력 사항 중 역내 및 역외 차단시 참관단 파견, PSI에 대한 포괄적 및 구체적 브리핑 청취, 한·미 군사훈련에 WMD 차단훈련 포함 등 5개항에 대해서는 협력하기로 하였으나, 핵심 사항인 PSI 정식 참여와 역내 및 역외 차단 훈련시 물적 지원 등 3가지는 북한을 자극할 수 있다는 점을 우려하여 협력 방안에서 제외한바 있다(서울신문 06/07/25).

3. 북한의 핵실험

6자회담 교착국면이 지속되고 있는 가운데, 미국을 중심으로 한 국제사회는 7월 28일 말레이시아 콸라룸프르에서 개최된 아세안지역안보포럼(ARF)에서 북한을 제외한 6자회담 회원국과 호주, 뉴질랜드, 캐나다, 인도네시아, 말레이시아 등이 참여한 '10자 외교장관 회동'을 개최하였다. 북한은 방코 델타 아시아(BDA)은행의 금융제재 조치 등과 같은 대북 제재조치를 해제해야 6자회담에 참여할 수 있다는 입장을 고수하였다. 8월 1일, ARF는 북한의 미사일 발사에 대한 국제사회 우려 담은 의장성명을 채택하였다.

한편 8월 18일, 미 ABC방송은 정보당국을 인용해 북한 함경북도 길주군 풍계리에서의 지하 핵실험 준비설을 제기하였다. 이러한 교착국면을 타개하기위해 미국의 크리스토퍼 힐 국무부 차관보는 9월 4일부터 12일까지 동북아 순방의 일환으로 일본, 중국, 한국을 방문하였다. 힐 차관보는 중국에 유엔 안보리 결의 이행을 강조한 것으로 전해지는 가운데, 미국 정부가 북한에 대한 포괄적 추가제재 방안을 논의하고 있다는 공식발표가 나왔다. 한편 9월 9일에는 중국 등 세계 24개 금융기관이 대북 거래 중단을 발표하였다.

북한 핵실험에 대한 국제사회의 우려가 증대되는 가운데 10월 3일 북한 외무성은 핵실험 계획을 발표하였다. 이에 대해 10월 6일,

유엔 안보리는 북한에 대한 핵실험 포기를 촉구하는 의장성명을 발표하였다. 그러나 북한은 10월 9일 10:30분경 함경북도 길주군 풍계리 인근에서 핵실험을 실시하였다. 마침내 유엔 안보리는 10월 15일 북한의 핵실험을 규탄하고 유엔헌장 7장 41조(비군사적 강제조치) 원용을 명기한 대북제재를 주요 내용으로 하는 결의 1718호를 만장일치로 채택하였다. 북한에 대한 요구사항은 북핵 폐기, 탄도미사일 발사 금지, NPT · IAEA 복귀, 6자회담 복귀 등이 제시되었다. 대북제재조치로는 (1) WMD와 주요 재래식 무기, 사치품 등의 공급 · 판매 · 이전 금지, (2) 제재 대상 개인 · 단체에 대한 자산 동결 및 활용 방지, 출입 제재, (3) 북한 출입화물에 대하 검색 등 협력조치 시행 등이다(통일부 2006b, 1-2).

이후 북한의 추가 핵실험 가능성까지 제기되면서, 부시 대통령은 10월 18일, 북한이 핵 이전을 시도할 경우 중대한 결과에 직면하게 될 것이라고 경고하였다. 10월 19일 탕자쉬안 중국 국무위원이 후진타오 국가주석의 특사 자격으로 평양을 방문하여 김정일 국방위원장과 회동하였다. 당시 김 위원장은 탕 위원에게 당장은 추가 핵실험을 할 계획이 없음을 언급한 뒤 금융제재 문제 해결과 관련된 모종의 조건을 제시하며 6자회담에 복귀할 뜻이 있음을 밝혔던 것으로 알려졌다(조선일보 06/10/25). 한편 라이스 국무장관은 북핵 해법을 논의하기위해 10월 18일부터 21일까지 일본, 한국, 중국을 방문하여 외무회담을 전개하였다. 이렇게 유엔과 미국의 압박수위가 높아지는 가운데 중국의 건의로 10월 31일 미 · 중 · 북 3국의 6자회담 수석대표가 베이징에서 비공식 회담을 갖고, 편리하고 이른 시일 안에 6자회담 재개에 합의하였다. 11월 1일 북한 외무성 대변인은 금융제재 문제를 논의하고 해결한다는 전제 아래 6자회담 복귀한다는 방침이 발표된 가운데, 미국은 북한의 핵실험에 대한 유엔의 제재조치는 이행되어야한다는 입장이다. 향후 6자회담이 재개되면 북한 핵 프로그램의 종료방안과 미국의 대북 금융제재 문제가 쟁점이 될 전망이다(문화일보 06/11/02).

Ⅴ. 동북아 다자안보협력의 활성화 방안, 제약 요인 및 과제

1. 다자안보협력 구축을 위한 6자회담 활성화 방안

비록 실질적 결실을 이루지는 못하고 있으나 아시아·태평양지역에서는 다양한 다자안보협력의 노력이 진행되는 가운데, 북핵 6자회담을 계기로 정부차원에서의 동북아 다자안보협력 가능성이 제기되고 있고, 한국을 중심으로 6자회담을 확대·발전시키는 방향에서 동북아 다자안보협력 구축에 대한 관심이 증대되고 있다. 또한 2005년 9월 19일 제4차 6자회담 2단계회의에서 동북아 6개국은 최초로 정부차원에서 다자안보협력에 대한 방안과 수단에 대해 모색하기로 합의한바 있다. 이는 그동안 동북아지역에서 정부차원의 다자안보협력에 대해 공식적으로 의제화한 것이 의미가 있으며, 이를 계기로 향후 6자회담의 발전적 전개 양상에 따라 다자안보협력 논의가 가속화될 수 있는 기반을 마련하였다고 볼 수 있다(최강 2005, 2).

미국의 경우 정부차원에서 다자안보협력의 전략적 가치를 부정하지는 않는 입장 하에, 사안에 따라 일방주의와 다자주의를 선택적으로 적용하는 '선택적 다자주의' 또는 '일방적 다자주의'를 전개하면서 미국의 이익을 극대화하는 이중적인 태도를 보이고 있다. 즉 동북아에서 미·일동맹과 한·미동맹을 기반으로 중·러와의 전략적 동반자 또는 경쟁적 관계를 형성하면서, 다자안보협력을 추진하되,

그 수준과 파급영향을 상징적으로 제한하거나 선택적 협력을 모색하고 있는 상황이다(윤현근 2005, 93; 이서항 2005, 262-269; 최강 2005, 5). 그러나 아마코스트 전 국무차관, 페리 전 국방장관, 레이니 전 주한대사 등 전직관료를 중심으로 6자회담을 동북아 지역안보포럼으로 발전시키자는 제안을 하고 있다. 또한 최근 2006년 4월 28일 알렉산더 버시바우 주한 미국대사도 '6자회담에서 미국의 역할'이라는 주제의 강연에서 "6자회담은 관련 국가들이 북핵문제를 외교적으로 해결하겠다는 의지의 표명으로, 이 모임 자체가 다자안보체제로 발전할 수 있다"고 언급한 바도 있다(김유은 2004, 85; 조선일보 06/04/28). 중국과 러시아도 북핵문제 해결을 위한 6자회담이 성공적인 결실을 이끌어낸다면 이를 동북아 다자안보협력체로 발전시킨다는데 긍정적인 입장이며, 일본 또한 기본적으로 반대하지 않는 입장을 취하고 있다.[8)]

결국 북핵 6자회담을 동북아 다자안보협력체로 발전시키기 위해서는 6자회담이 성공적인 결과를 도출해야 한다. 따라서 북핵 6자회담을 활성화하기위한 방안을 우선적으로 검토해야할 필요가 있다. 일반적으로 다자협상의 과정과 결과에 영향을 미치는 주요 요소로 '연대형성(coalition formation)', '집단동학(group dynamics)' 및 '집단간 순환흥정(circular barter)'의 가능성 등 3가지를 지적할 수 있다(이동휘 2004, 34-35).[9)] 이러한 요소를 현재까지 전개되어온 북핵 6자회

8) 동북아 다자안보협력에 대한 각국의 구체적인 입장은 김기정 · 이서항 · 최강, "동북아 다자안보협력 제도화 추진방안," 『동북아시대위원회 연구용역보고서』, 2005. 4, pp.52~63 참고. 6자회담 틀의 유용성과 이를 기반으로 한 협력적 위협 감소정책의 수행을 주장하는 내용은 Joel S. Wit, Jon Wolfsthal, and Choong-suk Oh, "The Six-Party Talks and Beyond: Cooperative Threat Reduction and North Korea," *A Report of the CSIS International Security Program*, December 2005 참고.

9) 북핵문제에 대한 다자적 접근에 대한 의의와 고려사항에 대해서는 박홍규, "북핵 문제의 다자접근," 『주요국제문제분석』, 2003-34, 외교안보연구원,

담 과정에 적용해보면 다음과 같은 평가를 도출할 수 있다.

첫째, 연대형성 차원에서 보면, 제4차 6자회담 2단계회의에서 합의된 '9 · 19 공동성명'에서 나타났듯이 한반도 비핵화와 북핵문제의 평화적 해결이라는 참여국간의 이익의 연대가 일정부분 형성되었다고 평가할 수 있다. 그러나 이러한 목표를 달성하기위한 이행방안 측면에서 아직도 북 · 미 양자간 입장차이가 대립되고 있는 상황이고, 참여국간의 입장도 공통의 이행방안을 도출해내지 못하고 있다.

둘째, 집단동학 차원에서 볼 때, 6자회담의 전개과정에서 비록 다수의 참여국이 있더라도 특정국가의 리더십을 중심으로 일종의 위계관계가 형성됨으로써, 참여구조 또한 양자에 근접하는 수준으로 단순화되는 집단동학의 양태가 표출되지 않고 있는 상황이다. 한 · 미 · 일 간에는 일정부분 미국의 리더십이 작동하고는 있으나, 중 · 러까지 미국의 주도적인 역할에 순응하는 구도는 아니다. 이러한 상황을 극복하고 보완하기위해서는 중재자의 역할이 중요하다. 따라서 향후 중국의 보다 적극적이고 건설적인 중재자 역할이 중요하다(이동휘 2004, 35-36).

셋째, 순환흥정의 가능성은 양자간 불가능한 합의대안이 참여국이 증가할수록 합의도출이 가능해짐을 의미한다. 6자회담의 과정에서 북 · 미간의 대립되는 양자적 구도 하에 제4차 6자회담 2단계회의에서 '9 · 19 공동성명'이 발표될 때까지 중국과 한국의 역할이 일정부분 순환흥정의 가능성을 높이는데 기여했다고 볼 수 있다. 그러나 향후 핵심 사안에 대한 이행방안을 논의하는 과정에서 북 · 미간 입장의 변화가 나타나기 전에는 순환흥정의 가능성이 나타날 가능성은 그리 높지 않을 수 있다(이동휘 2004, 35-37).

따라서 한국정부의 입장에서 다자안보협력을 위한 6자회담의 추

2003. 12. 2 참고.

진방향은 다음과 같은 방안을 모색해야할 것이다. 첫째, 대화와 협상의 습관 배양과 '촉진자(facilitator)' 역할을 강화해야 할 것이다. 참여국들간 대화를 촉구하고 협의와 협상의 장을 제공하는 촉진자의 역할을 적극적으로 수행해야할 것이다. 둘째, 6자회담을 계기로 다자안보협력의 기본 전제인 국가간 관계 정상화, 특히 미·북 및 일·북간 관계 정상화를 모색해야할 것이다. 셋째, 합의의 포괄성을 추구하여 다자안보협력의 계기를 마련해야할 것이다. 이를 위해 정치·외교관계를 포함하는 포괄적이면서, 이를 지속적으로 이행하기 위한 의지가 반영된 합의문을 도출해내야 할 것이다(김기정·이서항·최강 2005, 88-90).

2. 동북아 다자안보협력의 제약요인과 과제

이러한 동아시아 다자안보협력을 위한 다양한 협의체의 노력에도 불구하고 실제적 성과를 도출하고 제도화를 이루기위해서는 다음과 같은 제약요인이 존재하고 있다. 첫째, 동북아 국가들 간의 상이한 역사·문화·정치적 배경 및 발전단계와 공동 안보위협 인식이 부재한 상황이다. 이 지역에서 최대의 위협으로 지목되고 있는 북핵문제에 대해 동북아 각국간 공동의 위협인식이 존재하기는 하나, 한·미간 그리고 중·러와 미·일간 지전략적 차이로 인한 국가이익의 불일치로 입장 차이를 보이고 있는 것이 사실이다(최강 2005, 8; 조윤영 2006, 337; 김유은 2004, 83).

둘째, 미국중심의 냉전형 양자동맹체제 존속과 중국과의 잠재적 적대관계 구도를 지적할 수 있다. 냉전이후 현재까지 동북아지역에서는 미·일동맹 및 한·미동맹 체제가 존속되고 있고, 이들 양자동맹의 중추국인 미국에 대한 중국과 러시아의 견제와 협력이 혼재되어 있는 성황이다. 또한 미·북과 일·북간 관계 정상화가 이루어지지 않고 있는 상황이다(한용섭 2005, 315; 최강 2005, 9).

셋째, 분쟁의 잠재요인 상존과 심화를 들 수 있다. 동북아 지역에서의 안보위협 또는 분쟁요인은 미・중간 대만해협 문제, 양안문제를 둘러싼 중국・대만 갈등, 한・일간 독도 및 역사인식 문제, 조어도를 둘러싼 중・일간의 영토분쟁 및 역사인식 문제, 북방영토를 둘러싼 러・일 갈등 등을 지적할 수 있다. 영토・영해, 역사인식 및 주권 통합문제 등은 동북아 지역에서 갈등과 분쟁을 증가시키고 심화시키는 잠재적 요인이다. 이러한 분쟁요인은 신민족주의 강화를 초래하고 다자안보협력을 저해하는 요인으로 작용하며, 다자안보협력의 촉진요인이 되는 '공동 정체성(collective identity)' 형성에 대한 심각한 장애요인이다(최강 2005, 10; 박인휘 2006, 277).

그러나 위에서 지적한 제약요인에도 불구하고 한국의 입장에서는 첫째, 한반도 긴장완화, 군비통제 및 평화체제 실현에 긍정적이고 유리한 여건을 조성하고, 둘째, 동북아 분쟁예방과 및 분쟁해결 메커니즘 정착에 기여하며, 셋째, 국제사회에서 평화지향 국가로서의 위상과 역할을 증진시키기 위해서는 동북아지역에서 다자안보협력을 점진적으로 추진해야한다. 따라서 향후 한국 정부가 동북아 다자안보협력을 적극적으로 추진하기위해서는 다음과 같은 과제를 추진해야할 것이다.

첫째, 동북아 다자안보협력의 필요성에 대한 공감대를 확산시키고, 의제에 있어 환경, 보건, 초국가적 범죄 등 공동의 안보 우려사항부터 제기하여 의제를 확대해 나갈 필요가 있다(국가안전보장회의 2004, 55-56). 또한 정부차원의 안보대화 이외에도 트랙 1.5 또는 2 형태의 준정부간 또는 민간차원의 다자안보대화의 활성화를 모색해야한다.

둘째, 비록 동북아지역에서 영토・영해와 역사인식 등 신민족주의적 문제에서 공동 위협 인식이 부재하나, WMD, 테러리즘, 국제범죄, 마약 등 초국가적 위협에 대한 공동 위협인식은 공유하고 있는 상황이다. 따라서 역내 국가들 간의 가시적이고 잠재적인 분쟁 및 난민, 테러, 마약, 식량, 환경, 에너지, 인간안보 등에 대처하는 '포괄안보' 개념 하에 다자안보협력을 추진할 수 있는 구체적 방안을 모색해야한다.

셋째, 북핵 6자회담을 통한 북핵문제의 평화적 해결이라는 결실을 이루게 되면, 이를 기반으로 6자회담의 성격을 한반도 평화체제 구축을 위한 6개국 다자안보협력체로 발전시키는 방안을 검토할 필요가 있다. 또는 한반도 평화체제 구축문제와 아울러 동북아 안보현안 전반을 논의하는 대표적 '제1 트랙' 형태의 동북아 다자안보협력체로 발전시키는 방안도 모색할 수 있다. 즉 동북아 다자안보협력의 접근 단계는 (1) 한반도 비핵화 실현 → (2) 국가들간 관계 정상화 → (3) 한반도 평화체제 구축 → (4) 동북아 다자안보협력 등 4단계로 추진하는 방안을 검토해볼 수 있다(최강 2005, 15).[10)]

넷째, 한국의 입장에서 이러한 다자안보협력체의 추진은 한·미동맹의 보완적 차원에서 추진되어야할 것이다(남궁곤 2006, 245). 즉 한·미동맹체제와 다자안보협력체제는 양자택일의 문제가 아니라 상호 보완적이고 역할 분담의 차원에서 접근해야한다. 동북아지역에서 성공적 다자안보협력체를 모색하기위해서는 결국 우방국간의 긴밀한 양자관계가 중요한 기반이 될 수 있다. 따라서 기존의 한·미동맹관계를 '포괄적·역동적 동맹관계'로 발전시키는 노력과 함께, 분쟁예방과 비전통적 위협을 포함하는 '포괄안보' 차원의 위협에 대해서는 다자안보협력을 통해 대처하는 방식을 고려할 필요가 있다.

10) 남만권, "한반도 평화체제 논의의 접근방향," 『동북아안보정세분석』, 2005b. 10.5; 백준기, "6자회담과 동북아협조체제(CNA: the Concert of Northeast Asia)의 가능성," 『현안진단 18호』, 코리아연구원, 2005/11/15 참고.

Ⅵ. 결 론

2005년 11월 제5차 6자회담 1단계회의 이후 북한 위폐문제와 이에 대한 미국의 금융제재에 대한 대립으로 북핵 6자회담은 교착상태에 빠져있는 가운데, 북한은 2006년 7월 미사일 발사와 10월 핵실험이 강행하였다. 이후 유엔의 대북 결의안이 통과되었고, 미국은 PSI 강화를 통한 북한의 WMD와 이동수단 및 관련물질의 국제적 이동과 운송을 차단하기위한 국제적 연대를 강화하고 있는 상황이다. 이러한 국제사회와 미국의 대북압박이 강화되는 가운데 10월 31일 북한은 6자회담의 조속한 복귀에 합의하였다.

향후 6자회담이 재개될 상황에서 6자회담에 대한 전망에 대해서는 다음 몇 가지 문제로 인해 회의론과 낙관론이 혼재되고 있다. 첫째, 회의론적 시각에서 북한이 '핵보유국'을 주장하면서 '핵군축'을 요구할 가능성이 높다보는 견해이다. 반면 미국은 6자회담 의제는 북한이 NPT에 복귀하고 비핵국가가 되는 것이라고 강조하고 있는 상황이다.

둘째, 미국은 북한의 위폐와 인권 문제 및 마약밀매와 밀수 등 각종 불법행위에 대한 대응조치 또한 강화해 나갈 것으로 보인다. 그럼에도 불구하고 미국은 6자회담의 틀에서 북핵문제를 논의하는 구도를 지속시켜나갈 것이다. 반면 북한의 미국의 금융제재에 대한 해제를 강하게 요구할 것이고 이 문제가 6자회담의 지속에 걸림돌로 작용될 가능성을 배제할 수 없는 상황이다. 미국의 대북정책이 과거 북핵문제에 집중되어 6자회담을 통한 해결이 중심기조였으나, 'NSS 2006'에서 강조되었듯이 미국의 대북정책 현안이 인권, 위폐, 마약 및 기타 불법 활동 등으로 다변화되고 있다. 즉 미국은 위폐와 마약 거래를 방지하는 국제적 연계망인 '불법행위방지구상(Illicit Activities Initiative)'을 강화하고 있는 상황이다. 따라서 북핵문제는 일단 2005년 9·19 공동성명의 합의 틀 안에서 논의가 가능하나, 인권, 위폐, 마약 및 기타 불법 활동 등에 대한 미국의 공세적 입장이 변화될 가능성은 비교적 낮다.

셋째, 낙관론적 시각에서 북한은 9·19 공동성명의 핵심 내용인 북한의 핵 폐기와 이에 상응하는 평화체제 구축, 미국·일본 등 관련국들과의 관계정상화, 대북에너지 지원방안 이행을 통한 이득 확보에 주력할 것이라고 보는 견해이다. 따라서 향후 북핵 협상은 북·미간 대치국면 혹은 조정국면이 지속되는 가운데, 6자회담의 틀을 악화시키는 극단적인 행동보다는, 상호 비난과 경고가 오가는 상황 속에서 핵문제 파국을 막기 위한 중국의 노력이 중요한 변수가 될 것이다(외교안보연구원 2006, 15).

한편 향후 북핵 6자회담이 재개될 상황에서 한국정부의 정책은 다음과 같은 점을 신중히 검토해야 할 것이다. 우선 당근과 채찍적 수단을 모두 활용하는 미국의 '강압외교(Coercive Diplomacy)'전략에 대한 이해와 대응전략의 개발이 시급하다. 미국의 경제·금융 제재 및 PSI 조치 강화 등 대북 압박조치가 지속될 경우 한·미간 이견과 마찰이 극명하게 대립되어 대북 정책공조가 힘들어지게 될 가능성이 높다. 따라서 한국정부는 미국의 정책기조가 강압외교로 유지되는 상황에서는 대북 강압외교에 대한 무조건적 반대보다는 현실적인 대처가 필요하다. 즉 '당근과 채찍' 또는 '제재와 유인조지'를 배합하는 미국의 강압외교 전략에 대한 한국의 대응전략 수립이 필요하다. 한국의 입장에서는 미국이 강압외교 차원에서 제재를 강화하는 것에 대해서는 중국 및 러시아 등의 반대 입장을 적절히 활용하여 견제 및 긴장을 완화하는 한편, 미국에 대해 강압외교가 성공하려면 강압조치 뿐만 아니라 신뢰성 있는 긍정적 유인조치가 필수적임을 강조하여야할 것이다. 이러한 정책조정을 매개수단으로 하여 북한을 설득하여 핵 폐기가 북한의 국익에 유리함을 인식시킬 필요가 있다.

또한 대북 설득 및 경제지원 차원에서 만약 한국정부가 북한이 위폐, 돈세탁, 마약 등의 불법 활동에 개입하는 이유가 비록 불법 활동이지만 경제난을 타개하기위한 자구책으로 판단한다면, 북한으로 하여금 이를 중단하고 경제지원을 이끌어내고 수용하는 방안이 북한에 유리하다는 것을 주지시켜야 한다. 즉 국제사회에서 위폐, 돈세탁, 마약 등 불법 활동 등은 지지받기 어렵다는 것을 북한이 인식하도록 하는 것이 중요하다. 아울러 미국 및 국제사회에 대해서는 북한의 불법 활동 근절의 본질적 방안은 제재나 압박도 유용하지만, 경제·에너지난 해소와 인도주의적 차원에서의 경제지원 등 긍정적 유인조치의 필요성도 제기해야할 것이다.

이러한 북핵 6자회담의 재개 노력을 통해 북핵문제의 평화적 해결 가능성이 가시화되면, 6자회담을 역내 다자안보협력체로 전환하는 문제를 논의해야 할 것이다. 현재 동북아 다자안보협력은 ARF, CSCAP 및 NEACD 등의 노력에도 불구하고, 역내 국가간 공동 위협 인식의 부재와 갈등의 역사적 경험 등으로 인해 제약요인을 안고 있다(국가안전보장회의 2004, 55). 그러나 동북아 역내에서 다자안보협력을 부정하는 국가들이 없는 가운데, 역내 초국가적 위협 또는 비전통적 위협 등 공동의 안보위협에 대한 예방외교와 위기관리 노력을 전개해야한다. 아울러 각국의 개별적 안보이익이 상충되는 현안을 조정하여 기존의 다자안보협력을 변형 또는 발전시켜 동북아 다자안보협력체의 구축과 제도화를 위해 노력해야할 것이다.

【참고문헌】

국가안전보장회의(NSC). 2004.『평화번영과 국가안보 (참여정부의 안보정책 구상)』. 서울: 국가안전보장회의.

김근식. 2005. "4차 6자회담: 쟁점과 과제." 『미래전략연구원 논단』(8월 22일).

김기정, 이서항, 최강. 2005. "동북아 다자안보협력 제도화 추진방안." 『동북아시대위원회 연구용역 보고서』(4월).

김열수. 2006. "미국의 국가안보전략서와 한국안보." 『월간 u-안보리뷰』, Vol. 3 (4월 15일).

김유은. 2004. "동북아 안보공동체를 위한 시론: 구성주의 시각을 중심으로." 『국제정치논총』, 제44집 4호.

김태우. 2005a. "4차 6자회담 결산: 평가와 전망." 『동북아안보정세분석』(9월 27일).

______. 2005b. "제4차 6자회담 이후의 북핵문제." 『한국군사』, 제21호 (12월).

남궁곤. 2006. "도이치(Karl Deutsch)의 고전적 통합이론에 의한 동북아시아 안보공동체 실천과정 평가." 한국정치외교사논총, 제27집 2호.

남만권. 2004. "3차 6자회담 결과 분석 및 향후 전망." 『동북아안보정세분석』(7월 1일).

______. 2005a. "북한의 6자회담 복귀 결정 배경과 의도." 『동북아안보정세분석』(7월 18일).

______, 2005b. "한반도 평화체제 논의의 접근방향." 『동북아안보정세분석』(10월 5일).

박인휘. 2006. "동아시아 국제관계의 안정과 제도화: 유럽공동체의 교훈과 지역 정체성 창출방안." 『한국정치외교사논총』, 제27집 2호.

박홍규. 2003. "북핵 문제의 다자접근." 『주요국제문제분석』, 2003-34, 외교안보연구원, (12월 2일).

백승주. 2005. "1단계 4차 6자회담 평가와 2단계 회담 전망." 『동북아안보정세분석』(9월 9일).

백준기. 2005. "6자회담과 동북아협조체제(CNA: the Concert of Northeast Asia)의 가능성" 『현안진단 18호』, 코리아연구원 (11월 15일).

백학순. 2004. "제2차 베이징 6자회담: 평가, 전망, 대응." 『정세와 정책』(3월호).

송대성. 2006. "2006년 미국 국가안보전략(NSS) 핵심내용 및 의미." 『정세와 정책』(4월호).
외교안보연구원. 2006. "2006년 국제정세전망." 『주요국제문제분석』(1월 10일).
외교통상부. 2003. "제1차 6자회담 결과 및 평가." (8월 31일).
_________. 2004a. "제2차 6자회담 결과." (3월 2일).
_________. 2004b. "제3차 6자회담 의장 성명." (6월 26일).
_________. 2004c. "제3차 6자회담 결과." (6월 28일).
_________. 2005a. "제4차 6자회담 공동성명." (9월 19일).
_________. 2005b. "제5차 6자회담 1단계회의 의장성명." (11월 11일).
_________. "ASEAN 지역안보포럼." http://www.mofat.go.kr.
외교통상부 북핵외교기획단. 2004a. "북한 핵문제와 6자회담." (5월 14일).
_________. 2004b, "6자회담 실무그룹회의(WG) 결과." (5월 24일).
_________. 2005. "제4차 6자회담 2단계회의 결과." (9월 23일) http://www.mofat.go.kr/mofat/mk_a008/mk_b083/mk_c163/1190831_5281.html.
외교통상부 북미1과. 2003. "제1차 6자회담 결과 관련 각국 입장 발표" (8월 31일).
_________. 2004. "제2차 6자회담 결과 의장성명(비공식번역문)." (2월 28일).
외교통상부 북미국. 2004. "한·미 현안 관련 참고자료." (5월).
윤태영. 2005. 『동북아 안보와 위기관리』고양: 인간사랑.
윤현근. 2005. "미국의 입장." 한용섭 외, 『동아시아 안보공동체』 서울: 나남출판.
이대우. 2003. "6자회담과 미국." 『정세와 정책』 세종연구소 (9월).
______. 2006. "미국의 입장과 정책 전망," 『정세와 정책』, 2006년 (8월).
이동휘. 2004. "북핵 6자회담의 과제: 다자협상 분석을 바탕으로." 『정책연구시리즈 2004-10』, 외교안보연구원.
이상현. 2004. "북핵 위기와 6자회담." 『외교』, 제70호 (7월).
______. 2005. "6자회담 타결: 국제안보적 분석." 『미래전략연구원 이슈와 대안』(9월 29일).
이서항. 2005. "동아시아 다자간 안보협력체: 실태분석과 평가." 한용섭 외, 『동아시아 안보공동체』서울: 나남출판.
이헌경. 2005. "북한의 핵전략과 북·미간 타협: 원론적 타결과 전망." 『세계지역연구논총』, 제23집 2호.
이호령. 2005. "5차 6자회담 평가와 향후 과제." 『주간국방논단』(11월 21일).
조성렬. 2005. "제5차 1단계 6자회담 평가." 『정세와 정책』, 12월호.
조윤영. 2006. "동아시아 안보와 제도주의: 안보공동체 형성의 조건과 발전가능성." 『한국정치외교사논총』, 제27집 2호.

최강. 2005. "동북아 다자안보협력의 가능성과 과제." 『주요국제문제분석』 (12월 9일).

통일연구원. 2006. "2006년 북한 신년 공동사설 분석." 2006. 1, 『통일정세분석 2006-01』.

통일부. 2006a, "북한 미사일 발사 관련 보고," 통일외교통상위원회 보고자료, 2006.7.6.

______. 2006b, "북한 핵실험 관련 정부 조치방향," 2006년도 국정감사 보고자료, 2006. 10.26.

한용섭. 2005. "동아시아 안보공동체 조건, 과제, 그리고 전망." 한용섭 외, 『동아시아 안보공동체』서울: 나남출판.

홍현익. 2005. "제4차 6자회담: 평가와 대책." 『정세와 정책』, 10월호.

『동아일보』,『문화일보』,『서울신문』,『연합뉴스』,『조선일보』,『중앙일보』.

Bruner, Edward F. 2003. "North Korean Crisis: Possible Military Options," *CRSReport for Congress* (July 29).

Hwang, Balbina Y. 2004. "The Six-Party Talks: Keeping Diplomacy Alive," *WebMemo #430* (February 23), The Heritage Foundation.

______. 2005. "Cautious Optimism for the Six-Party Talks," *WebMemo #850* (September 21), The Heritage Foundation.

Niksch, Larry A. 2006. "North Korea's Nuclear Weapons Program," *CRS Issue Brief for Congress* (Updated April 7).

Perl, Raphael F. and Dick K. Nanto. 2006. "North Korean Counterfeiting of U.S. Currency," *CRS Report for Congress* (March 22).

Sanders, Phillip C. 2003. "Military Options for Dealing with North Korea's Nuclear Program," *North Korea Special Collection* (January 27), Monterey Institute of International Studies.

Squassoni, Sharon A. 2004. "North Korea's Nuclear Weapons: How Soon an Arsenal?," *CRS Report for Congress* (Updated February 2).

The White House, 2006. "The National Security Strategy of the United States of America" (March).

Wit, Joel S., Jon Wolfsthal, and Choong-suk Oh. 2005. "The Six-Party Talks and Beyond: Cooperative Threat Reduction and North Korea," *A Report of the CSIS International Security Program* (December).

한·중·일 동북아 3개국의 SD교육 현황 분석 및 교류 협력방안

성 정 희 | 연세대학교 동서문제연구원 연구교수 |

Ⅰ. 서 론

1. 연구의 필요성 및 목적

1992년 지구정상회의 이후, 지속가능발전(Sustainable Development)은 정치적 의제에 있어 중요한 위치를 차지하고 있다. 하지만, 이들의 이행에 있어서는 여전히 다양한 분야의 참여를 이끌어내지 못하는 것이 현 실정이다. 특히 2002년 9월 요하네스버그에서 개최된 세계 지속가능발전정상회의에서도 교육이 지속가능발전으로의 진보과정에 있어 효과적인 수단임을 공감하고 있으나 지속가능발전전략에 교육 부분이 잘 반영되어 실행되지 않고 있다. 그리하여 2002년 12월 제57차유엔 총회에서 '요하네스버그 이행 계획안'에 뒤이어 일본과 스웨덴 정부에 의해 제안된 '지속가능발전교육 10개년(Decade of Education Sustainable Development for : DESD)'을 2005년 1월부터 착수하는 결의안이 채택되었으며, 유네스코가 이를 주도하는 기관으로 선정되었다. 유네스코는 UN대학과 함께 지속가능발전교육을 위한 지역전문가센터(Regional Centers of Expertise: RCE)를 통하여 전 세계적으로 이에 대한 교육을 확산하고 실천하고자 시도하고 있다.

이러한 다양한 노력에도 불구하고 한국을 비롯한 지속가능발전교육(Education for Sustainable Development: EfSD)을 선도하는 일본에서조차도 형식교육[1])에서 별다른 성과를 보이지 못하고 있으며, 중국도 이와 비슷한 상황이다. 그리고 지속가능발전개념의 추상성과 포괄성으로 인하여 실질적으로 교육정책을 입안하고 실행하고, 그리고 교육을 받는 학생 모두 지속가능발전교육의 필요성에 대한 인식이 매우 낮은 것이 현실이다(대통령자문 지속가능발전위원회, 2005)[2]). 그러다 보니 대부분의 사람들이 지속가능발전교육을 환경교육으로 매우 제한적으로 인식하고 있으며 아울러 이에 대한 새로운 도전과 노력의 필요성을 인식하지 못하는 것이 현실이다. 그리하여 본 연구에서는 먼저 현재 환경교육으로 제한하여 인식하고 있는 지속가능발전교육의 범위를 재설정함으로써 국가수준의 지속가능교육정책을 수립하는데 필요한 이론적, 제도적 방안의 기초를 제공하는데 있다.

그리고 지속가능발전교육은 다른 학문과는 달리 교육의 목적이 지속가능한 사회를 구축하는데 있으므로 교육의 대상과 범위도 매

---

1) 형식교육(formal education): 초등학교에서 중등학교 대학에 이르는 학교교육을 형식교육이라고 하며, ESD는 이러한 형식교육이외의 박물관, 기업 등에 의한 비형식교육(informal education), 대중매체 등을 통한 무형식교육(nonformal education)의 수직적, 수평적 연계와 참여를 강조하고 있다(UNU-IAS. 2005).

2) 2005년 지속가능발전위원회 "유엔 지속가능발전교육10년을 위한 국가추진전략 개발연구" 보고서에서 지속가능발전개념에 대한 교사의 인식에 대한 설문조사에서 전체 응답교사의 68.2%(426명)가 이 용어를 들어본 적이 없다고 응답하였으며 본 연구에서 조사한 대학생들의 설문결과에서도 응답자의 24.3%(110명) 만이 이 개념에 대해 잘 안다고 응답하였다.

우 폭넓어 학교교육뿐만 아니라 시민교육도 중요하며 또한 간학문적 성격을 띠고 있으므로 다양한 분야의 파트너십의 참여가 필수적이다. 교육내용도 생활주변에서 전 지구적 수준에 이르기까지 그 영역이 매우 광범위하므로 이를 위해서는 협력의 수준도 다원화 할 필요가 있고 다양한 수준의 지역협력 체계가 필요하다. 이러한 필요성에 공감하여 UN 대학이 추진하는 RCE도 다양한 파트너십의 참여와 형식, 비형식, 무형식 교육의 연계를 매우 강조하고 있다. 그러나 아직 RCE를 통한 지속가능발전교육이 초기 단계에 있으므로 구체적인 교육의 이행과 협력방안이 마련된 것은 아니고 또한 국내에서도 통영에서 RCE를 인증받아 활동하고 있는데 그 구체적 교육활동과 협력방안을 도출하지 못한 상태이다. 그러므로 본 연구에서는 현재 UESCO와 UN대학이 주도하는 RCE사업을 통해 다양한 파트너십들이 어떻게 형성되어 운영되고 있는지 현황을 파악하고 이들의 한계점을 분석하여 보다 효과적으로 RCE가 EfSD를 수행할 수 있도록 방안을 제시하고자 한다. 특히 지리적, 문화적 환경이 비슷한 동북아라는 동일지역내의 한, 중, 일 SD교육이행과정을 비교함으로써 자국 내의 교육정책을 입안하는데 도움을 줄 수 있을 것으로 기대한다. 그리고 본 연구에서는 지역협력의 필요성에 대해서는 모두 공감하고 있으나 전 지구적 협력의 성과와 한계도 분석하여 실질적인 협력을 이끌 수 있는 다층화 된 국제협력체계와 방안을 제시하고자 한다.

2. 연구내용

본 연구의 목적은 정책입안자, 교사, 학생 등 모든 교육의 관련자들이 SD교육의 필요성을 인식하고 교육의 범위를 재설정함으로써 국가수준의 지속가능교육정책을 수립하는데 필요한 이론적, 제도적 방안의 기초를 제공하는데 있다. 그리고 RCE를 통한 지속가능발전교육을 이행하는데 효과적인 운영방안과 국제협력방안을 마련하는데 있다. 이를 위하여 다음과 같은 연구를 수행하고자 한다.

◈ 지속가능발전교육의 현황

- 지속가능발전에 대한 인식조사
- 지속가능발전교육 실태조사: 교육과정과 시민단체에서 제공하는 교육을 중심으로

◈ 지속가능발전교육을 위한 노력과 이행방안

- 국제적 노력과 협력 현황분석
- ESD 현황
- ESD 전략과 문제점 파악
- 한국, 일본, 중국의 SD교육현황: RCE를 중심으로
- RCE를 통한 한, 중, 일 ESD교류협력방안

3. 연구방법

지속가능발전교육 현황을 알아보기 위하여 지속가능발전에 대한 대학생, 전문가 및 일반인들의 인식에 대한 설문조사를 실시하였으며, 형식교육과 비형식, 무형식교육현황은 교육과정과 시민단체에서 제공하는 교육프로그램의 종류와 내용 등을 중심으로 분석하였다. 그리고 지속가능발전교육을 위한 이행과 국제협력은 주로 한, 중, 일 RCE 활동을 중심으로 국제비교 분석하였다.

Ⅱ. 지속가능발전에 대한 이해와 지속가능발전교육

1. 지속가능발전에 대한 개념적 논의의 필요성

인간이나 사회, 국가 모두 개념을 인식하고 해석하는 단계에서 정의 된 개념을 그대로 받아들이는 것이 아니라 각자 스스로 개념을 구축해나간다. 이것이 바로 현대 인식론에서 흔히 받아들여지는 구성주의이론(constructivism)이다. 특히 개념이 구체적이고 명확할수록 인간이나 사회에서 형성된 개념들이 유사하지만, 그 개념이 추상적이고 포괄적이고 새로운 개념일수록 형성된 개념의 유형들이 상이할 가능성이 높다.

그러나 지속가능발전 개념은 매우 추상적이어서 일반인들이 이해하는 데에는 많은 어려움이 있다. '자유나 정의'와 같이 추상적인 개념의 경우 대부분의 사람들은 그 개념이 갖는 목적에 대해서는 지지를 보내고는 있지만 정확히 무엇이 자유와 정의를 구성하고 있는지에 대해서는 의견의 일치를 보이지 못하고 있는 것과 마찬가지이다. 그래서 이 개념에 대한 해석방법도 다양할 수 있다.

지속가능발전에 대한 개념적 논의가 선행되어야 하는 이유가 바로 여기에 있다. "지속가능발전"이라는 용어가 1987년 "우리공동의 미래"라는 보고서에서 사용된 이래 20여년이 지났지만 아직도 일반인이나 전문가집단 모두 이 개념에 대한 정의도 다양하며 그 해석도 다양하고 변화하고 있는 개념진화의 상태에 있다고 볼 수 있다. 이러한 개념형성초기단계에서 이 개념을 받아들여 각국에서 도출한 지속가능발전에 대한 구체적인 이행전략들은 더욱더 상이할 수밖에 없을 것이다. 그러므로 지속가능발전교육도 이 개념에 대한 인간이나 사회의 인식에 따라 각기 다른 모습으로 나타날 수 있다. 특히 학생과 교사 정책입안자 모두 이 개념에 대해 구체적인 이해가 충분하지 않은 상태에서는 더욱 더 이러한 현상이 심할 것으로 예상된다. 그러므로 이러한 개념형성의 초기 단계에서 교육과정을 만들고 교육내용과 방법을 결정하는 것 자체가 어느 정도의 혼란을 내포하게 될 수밖에 없다.

지속가능발전 개념이 도입된 초기에는 지속가능발전은 환경용량을 초과하지 않는 범위 내에서의 발전을 의미하였다. 이는 발전과 환경의 조화를 강조하기 보다는 제한된 환경의 범위 내에서의 발전을 의미하였기 때문에 발전보다는 환경보전이 우선적으로 고려되어야 한다는 것으로 해석되었다. 현재 일선 교사나 학생 대부분은 지속가능발전 교육을 또 다른 형태의 환경교육으로 인식하고 있다.

그러나 1992년 리우선언의 실천요강으로서의 '의제 21' 발표 이후에는 지속가능발전의 개념이 '현재 및 미래세대의 발전적 필요와 환경적 필요가 동등하게 충족되는 것'으로 정의됨으로써 발전과 환경의 조화를 강조하는 개념으로 나타나고 있다.

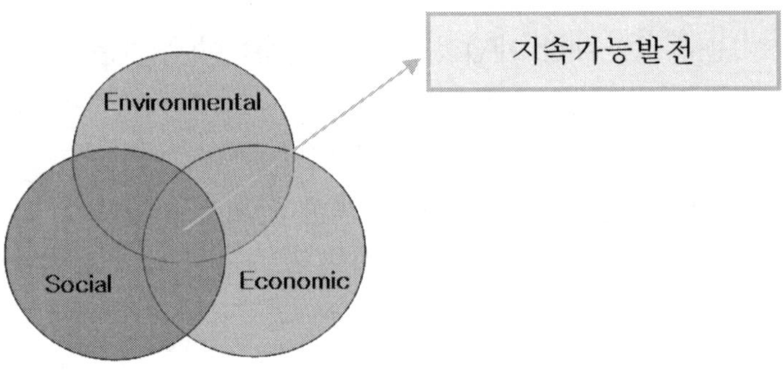

〈그림 1〉 지속가능발전의 세 가지 중심축

분명한 것은 최근에 올수록 지속가능발전은 환경뿐만 아니라 사회전체의 지속가능성 유지와 관련된 것으로 폭넓게 해석한다. 또한 지속가능발전은 완전고용, 사회주택의 공급, 공공지출 감소 등과는 다른 수준의 정책목표이며 지속가능발전은 자유, 정의, 민주주의 등과 같이 인류가 궁극적으로 지향해야 할 사회전체를 관통하는 이념으로 이해되고 있다(Agyeman & Evans, 1995).

일부에서는 이를 경제성장을 통한 개발로 해석하는 반면, 또 다른 일부에서는 환경보전을 통한 지속가능성을 강조하는 것으로 받아들였다. 일부 환경운동가들은 지속가능발전은 모순논리이며 이는 생태계를 지속적으로 파괴하기 위한 구실로 사용될 수도 있음을 강조해 오고 있다. 또 다른 측면에서, 일부 경제학자들은 지속가능발전은 미래에 대한 필요이상의 과잉반응이며 잠재적으로 볼 때, 이는 천연자원고갈에 대한 지나친 걱정으로 인해 경제성장의 희생을 야기할 수도 있음을 주장하고 있다.

이렇듯 지금까지 “지속가능발전”에 대한 이념적, 실천적 개념파악이나 이행계획은 이 개념이 갖는 추상성, 포괄성과 모호성 때문에 개별 국가들이 갖는 경제적 발달 단계와 문화적 특성 그리고 정치경제적 체제 속에서의 각 국의 입지의 차이 등도 있어 “지속가능발전”이 과연 무엇을 의미하며 또한 그것이 갖는 실천적 과제들과 역할을 어떻게 설정해 갈 것인지 구체적 방안을 찾지 못하는 것이 오늘날의 세계적 현황이다.

그러나 지속가능발전 개념의 도입은 서로 대치적이고 공존할 수 없는 개념으로 인식되어온 환경과 발전에 대한 개념을 “환경적으로 건강하고 지속가능발전”(Environmentally Sound and Sustainable Development)이라는 하나의 개념으로 통합했다는 점이다. 즉 환경친화적이고 인류공존에 기초한 가치관과 삶의 추구, 다양한 사회에 대한 이해 등 자국의 극단적 이기주의와 경쟁에서 벗어난 인류 공동의 이해와 노력을 집중시킬 수 있다는 점이다. 그리하여 인류에게 드리워진 "한계"라는 비관적 문제를 "지속가능"이라는 희망적 전망으로 바라볼 수 있게 되는 계기를 마련했다는 점이다.

현재 "지속가능발전"의 주요 영역은 경제성, 환경성, 그리고 사회성의 3가지 요소를 핵심요소로 하며, 이들 간의 연계성을 강조하며 동시에 삼자간의 보완성과 균형성을 중시하는 개념으로 인식된다. 경제적 지속가능성은 강력하고 지속적인 경제성장을 의미한다. 환경적 지속가능성은 생태적, 물리적 시스템의 안정성을 의미하며, 사회적 지속성은 형평성은, 사회시스템의 안정성, 이해당사자들의 민주적 참여를 포함하는 개념이다.

그러므로 교육계에서도 역동적으로 진화하고 있는 개념 특성을 재빨리 반영할 수 있어야 할 뿐만 아니라 지역적, 세계적 수준의 개념발달상황과 조화를 이룰 수 있도록 노력을 해야 할 것이며 이들의 결과를 교육에 반영하는 능동적인 자세가 필요한 시점이다. 즉 지속가능발전에 대한 교사나 학생의 인식변화가 수반되지 않는다면 지속가능발전교육은 환경교육과 동일시 될 것이고 이러한 점은 지속가능발전교육의 내용범위를 제한하게 되는 현상을 가져올 것이다.

2. 지속가능발전에 대한 인식과 지속가능발전교육

지속가능발전에 대한 인식이 교육정책의 설정과 이행에 관건이 될 것 판단하여 본 연구에서는 대학생, 대학원생, 공무원 및 시민운동가 등 총 548명을 대상으로 설문조사를 실시하였다. 설문 시기는 2004년~2006년에 걸쳐 총 3차례에 걸쳐 진행되었다. 1차 설문은 대학생 455명을 대상으로 실시하였으며, 2차 설문은 대학생 22명, 대학원생 14명, 공무원 5명, 시민단체14명 언론, 교수, 및 회사원

7명 등 총 62명이며, 3차 설문은 예비교사인 사범대학생 23명을 대상으로 설문조사를 실시하였으며 그 결과는 다음과 같다.

● 지속가능발전개념의 인식정도

지속가능발전 개념에 대해 얼마나 알고 있는가에 대한 질문의 응답결과는 다음과 같다. 1, 2차 설문에서 동일하게 설문한 결과 지속가능발전개념에 대해 "매우 잘 알고 있다"고 응답한 사람의 비율은 불과 22.4%였다. 직업별로 이 개념에 대한 이해 정도를 알아보았는데 모든 직업군에서 이 개념에 대해 잘 안하다고 응답한 비율이 0%~24%로 낮게 나타났다. 특히 대학원생, 환경단체 시민활동가의 경우에도 이 개념에 대해 매우 잘 안다고 응답한 비율이 매우 낮게 나타난 것으로 보아 일반인들의 경우에는 더욱 더 이 개념에 대해 알지 못할 것으로 예상되며 이에 따라 일반인들의 개념인식향상을 위한 교육활동이 선행되어야 한다고 생각된다.

〈표 1〉 지속가능발전개념에 대한 인식조사 결과

설문 시기	설문대상	매우 잘 앎	어느 정도 앎	들어 본 적 있음	모름	전혀 모름	인원 명 (%)
1차	대학생	110 (24.3%)	238 (52.5%)	71 (15.7%)	22 (4.9%)	12 (2.6%)	443 (100%)
2차	대학생	1 (4.5%)	6 (27.3%)	13 (59.1%)	2 (9.1%)	0 (0.0%)	22 (100%)
	대학원생	0 (0.0%)	3 (21.4%)	5 (35.7%)	3 (21.4%)	2 (14.3%)	14 (100%)
	환경단체 시민활동가	1 (7.1%)	13 (92.9%)				14 (100%)
	공무원, 전문가	4 (33.3%)	1 (8.3%)	7 (58.3%)			12 (100%)

대학생 설문대상자 중 예비교사를 대상으로 한 3차 설문조사에서는 "지속가능발전"이 무엇을 의미하는지 의견을 직접 적어보게 하였는데 61.9%(14명)의 학생은 이 개념에 대하여 잘 모른다고 응답하였으며, 나머지 학생들은 주로 환경보존에 대한 개념으로 인식하였으며 대부분의 학생들에게서 세대 간 문제에 대한 논의는 없었다. 그리고 사회, 경제적 지속성을 포괄한 현재 국제사회에서 폭넓게 이해되고 있는 개념정의와는 상당한 차이를 보이고 있었다. 이러한 개념 인식의 차가 지속가능발전교육을 환경교육으로 제한적으로 인식하게 하고 지속가능발전 교육의 목표, 내용범위, 교육과정 운영에 영향을 미칠 것이다. 다음은 학생들의 응답내용이다.

〈표 2〉 사범대학생의 지속가능발전 개념의 정의에 대한 주관식 응답 예

- "환경오염, 파괴를 최소화하는 발전"
- "환경보존을 하면서 발전"
- "친환경적인 개발"
- "유한한 자원의 사용을 줄이고 앞으로 지구에 살게 될 후세에도 현재와 같은 상태의 자연환경을 남겨줄 수 있도록 하는 비소모적, 비파괴적 발전"
- "파괴하고 고갈시키는 발전이 아니라 자원을 보존하면서 개발하는 기술을 사용한 발전"

• 지속가능발전 용어 사용

"Sustainable Development"를 번역한 것 중 가장 흔히 접한 표현을 묻는 질문에서 응답자(2차 설문 응답자 62명)의 30%는 "지속가능한 개발"이라는 표현으로 접했으며, 61.7%는 지속가능발전으로 나머지 6.7%는 "지속가능한 성장(sustainable growth)[3]"이라는 단어로 이 개념을 접했다. 이는 "Sustainable Development"를 한국어로 번역하는

과정에서 미묘한 의미차이를 보이는데 개발이라는 단어를 사용한 경우는 경제적 이윤을 추구하는 성장과 그 의미가 일맥상통하고 있다. 이는 성장과 "Sustainable Development"개념의 차이를 묻는 문항에서 그 차이를 분명히 안다고 하는 응답자는 6.6%에 불과하였다. 이는 성장과 발전의 개념차를 알지 못하는 것으로 해석되며 발전은 곧 성장을 의미하는 것으로 해석될 수도 있다는 것을 보여준다.

- **발전의 의미**

"Sustainable Development"에서 development의 의미를 알아보는 문항에서는 자연환경 질의 개선, 경제성장이라는 의미보다는 정치, 사회, 문화 수준의 향상을 의미하는 것 받아들여지고 있다. 즉 "sustainable"과 "development"라는 단어 각각으로 해석하고 있으며 "Sustainable Development"라는 독립된 의미를 가진 단어로 해석하지 않은 것으로 볼 수 있다. 이와 같은 용어 사용의 문제는 초기 개발과 발전이라는 단어를 혼용함으로써 심화되었다고 보여진다. 그러므로 용어사용과 정의에 대한 분명한 안내가 이 개념의 인식향상에 도움을 줄 수 있을 것으로 생각된다.

- **지속가능발전에 필요한 요소**

우리나라의 SD 달성을 위해 무엇이 가장 필요하다고 생각하는지를 묻는 문항에서는 대부분의 경우 최우선적인 경제성장(3.2%), 자원관리를 통한 경제성장(30.6%), 환경용량 범위내의 제한된 경제성장(30.6%)으로 경제성장을 선택한 비율이 매우 높아 경제성장이 발

---

3) 지속가능발전개념에서 성장(growth)은 발전(development)은 달리 사용된다. 성장은 주로 경제적 성장을 말하며 양적 성장을 의미하는 반면 발전은 양적 성장이 아닌 질적 향상을 의미하는 것으로 달리 해석한다.(Chiras, 1998)

전에 필수적인 전제조건이라고 생각하고 있다.

지속가능발전 개념에 대한 설문 결과를 종합해 보면 대학생을 비롯한 일반인들은 이 개념에 대해 잘 모르고 있고 한국어로 번역할 때 용어도 통일되어 있지 않아 개념 이해에 대한 혼란이 가중되고 있는 것으로 생각된다. 특히 지속가능한 개발과 발전으로 번역할 때 이 단어가 주는 미묘한 의미 차이가 사람들의 개념 인식에 차이를 가져올 수 있다. 그러므로 우선 SD를 번역할 때 용어의 통일이 선행되고 이 개념에 대한 정의를 적극적으로 홍보해야 할 필요성이 있다.

이러한 낮은 수준의 개념이해단계에서는 지속가능발전 교육을 계획하고 수행하기 이전에 학생, 교사 및 교육정책을 담당하는 사람들 모두 이 개념에 대한 이해를 높일 수 있는 인식향상교육이 선행되어야 할 것이다. 특히 교사와 교육정책전문가들의 인식향상을 위해 다양한 교육훈련기회가 제공되어야 할 것이다.

Ⅲ. 지속가능발전교육 추진 현황

1. 지속가능발전교육에 대한 국제적 논의과정

1992년 유엔환경개발회의 이후 세계는 지속가능발전이라는 개념을 보편적 가치로 인정하면서 환경문제도 지속가능발전이라는 개념틀 안에서 논의하게 되었다. 그것은 1970년대 이후부터 환경문제에 대한 이공학적, 사후처치적인 문제해결 방식으로는 문제가 해결될 수 없음을 경험하였고 문제해결을 위한 새로운 차원의 노력이 불가피함을 깨닫게 된 이후일 것이다. 그 이후 다양한 방면에서 지속가능한 사회를 구축하기 위한 노력들을 하고 있으나 그 중 가장 중요하고 필요한 것이 교육을 통한 일반인뿐만 아니라 다양한 전문가들의 인식을 전환시키는 것이라고 생각하게 되었다.

UNESCO, UNEP, UN 등에서 지속가능한 환경과 지속가능한 사회를 유지하기 위한 장기적인 환경 전략으로서 현세대와 다음세대에게 환경교육과 훈련을 실시하는 것 이상으로 크게 기여하고 중요한 역할을 하는 것도 없다고 강조하였다. 1992년 유엔환경개발회의에서 채택된 의제 21의 36장에서는 교육, 공공인식 및 훈련에서 교육의 중요성을 강조하고 있다. 지속가능성이라는 주제가 앞으로 어느 정도의 중요성을 띄게 될지는 주요 역량과 중요 교육목표에 대한 OECD 연구서에서 분명히 드러난다. OECD가 직접 PISA Study를 시행하고 있는데 교육과정에 주요 교육목표로 인권, 민주주의적 사회구조, 그리고 지속가능발전 기준 준수를 포함하고 있다. 따라서 이 세 가지는 국제적 맥락에서의 주요 역량과 이의 선택 그리고 발전에 관한 논의를 위한 규범적 근거로서 작용할 수 있다(OECD, 2002년).

그러나 여전히 지속가능발전은 정치적 의제로는 많이 다루어져 왔으나, 교육의 역할에 대한 목소리가 명료하게 전달되지 않았으며, 교육 분야는 지속가능발전에 있어 이해당사자 그룹에 속하지도 않았다. 이렇듯 지속가능발전 교육의 중요성에 대해서는 공감하고 있으나 구체적인 노력에서는 미흡한 것이 현실이었다. 이러한 반성에서 2002년 요하네스버그에서 개최된 '세계지속가능발전정상회의(WSSD)'동안 지속가능발전교육의 역할을 강화시키기 위해, '지속가능성 파트너십을 위한 세계고등교육 (GHESP)'[4] 및 '세계 가상 대학

4) Global Higher Education for Sustainability Partnership
GHESP는 국제 대학 연합(IAU), 지속가능발전을 위한 대학 지도자 연합(AULSF : 북미 대학 네트워크), 코페르니쿠스-캠퍼스(유럽 대학 네트워크), 그리고 유네스코, 이렇게 네 개의 협력체로 구성된 컨소시엄이다. 유엔대학 센터와 유엔대학 특수연구학회는 GHESP의 리소스 프로젝트를 특별한 협력도구로 홍보하고 있다. GHESP는 공식적으로 2000년에 설립되었으며

(GVU)'[5]과 같은 다양한 선도 사업(이니셔티브)을 시작하였다. 사실 '지속가능성 파트너십을 위한 세계고등교육(GHESP)'은 1998년 유네스코의 '세계고등교육회의(World Conference on Higher Education)'에서 "고등교육과 지속가능발전"에 관한 주제를 논의한 결과, 그 후속 조치로 2002년에 형성된 것이다(Ginkel, 1998). 2002년 제57차유엔 총회에서 '요하네스버그 이행 계획안'에 뒤이어 일본과 스웨덴 정부에 의해 제안된 '지속가능발전교육 10개년(DESD)'을 2005년 1월부터 착수하는 결의안이 채택되었으며, 유네스코가 이를 주도하는 기관으로 선정되었다. 유네스코는 UN대학과 함께 지속가능발전교육을 위한 지역전문가센터(RCE)를 통하여 전 세계적으로 이에 대한 교육을 확산하고 실천하고자 시도하고 있다.

가. 지속가능발전교육의 정의

지속가능발전에 대한 개념도 각국의 상이한 사회적, 경제적, 환경적 상황 하에서 각기 다르게 해석되고 있는 것처럼 지속가능발전교육에 대해서도 다양한 정의가 있는데 2004년 발간된 유엔 지속가능발전교육 국제이행계획 초안에서 다음과 같이 정의를 하고 있다.

"모든 사람들이 질 높은 교육의 혜택을 받을 수 있으며 이를 통해 지속가능한 미래와 사회 변혁을 위해 필요한 가치, 행동, 삶의 방식을 배울 수 있는 사회를 지향하는 교육이다."

영국에서는 "개인적으로나 집단적으로, 지역적으로나 지구적으로 지구의 미래에 해를 주지 않고 삶의 질을 개선하는데 기여할 수 있

2002년 요하네스버그 회의에서 Type Ⅱ 파트너십으로 인정되었다. 〈http://www.unesco.org/iau/sd/sd-ghesp.html〉을 참조하시오.

5) 2002년 요하네스버그 회의에서 세계 가상 대학(Global Virtual University)을 설립하는 협약이 체결되었다. 공식적인 Type Ⅱ 파트너십은 아니다. 〈http://www.gvu.unu.edu〉 참조

도록 의사결정에 참여하기 위한 지식, 기능, 이해와 가치를 개발하는 것"이라고 정의하고 있다.

지속가능발전 개념형성에서와 마찬가지로 지속가능발전교육에서도 각국의 사회적 · 경제적 · 환경적 특성에 따라 교육의 목표와 내용의 강조점이 달라질 수 있는데, 일반적으로 '현 세대의 삶과 미래세대의 삶을 개선하고 유지하는 데 필요한 교육'으로 정의된다. 즉, 지속가능발전교육은 서로 관련된 환경적 · 사회적 · 경제적 쟁점을 이해시킬 뿐 아니라 개인 · 지역사회 · 집단 · 산업계와 정부가 지속가능하게 살고 행동하도록 교육하는 것이다.

나. 지속가능발전교육의 목적

지속가능발전교육은 지속가능발전에 대한 교육도 아니고 지속가능발전을 위한 교육(EfSD)을 강조한다. 이는 지속가능발전교육의 목적이 궁극적으로 지속가능한 사회를 구축하기위한 목적지향적 교육임을 나타내는 것이다. 이것은 교육을 통해서 학문적 가치를 이해하는 것에 목표를 둔 것이라기보다는 피교육자의 행동변화를 통해 지속가능한 사회를 구축하는데 궁극적 목표를 두고 있다는 점에서 타 교육분야와는 다른 목적이 있다. 이와 같이 지속가능발전교육의 목적은 근본적으로 가치의 변화를 요구하며 이들이 추구하는 가치는 전 세계 모든 사람들의 존엄성과 인권을 존중하며, 이것은 또한 현세대뿐만 아니라 미래세대에 대한 인권을 존중하면서 세대내 뿐만 아니라 세대 간의 책임을 중요시한다. 또한 인간 스스로 자연생태계의 일부로서 다른 생명체들과 공동체적 인식을 갖지 않고서는 더 이상 생존할 수 없음을 인식하고 다양한 생명체들에 대해서도 생명공동체로서의 책무를 가질 것을 강조한다. 이와 더불어 다양한 사회와 문화에 대해 존중하고 인정할 수 있는 가치 형성에 목적을 두고 있다.

다. 지속가능발전교육 영역

위와 같은 교육의 목적을 달성하기 위해서 지속가능발전 교육은 단지 환경교육에 머물러서는 안 되며 빈곤퇴치, 양성평등, 평화 및 분쟁해결, 타 문화에 대한 이해, 민주주의 등 보다 폭 넓은 주제를 다루어야 할 것이다.

지속가능발전교육은 환경교육과 동일시되지 않아야 한다. 환경교육은 인류와 자연환경간의 관계 그리고 자연환경을 보존하고 그 자원을 지키는 방법에 초점을 맞추는 하나의 독립된 과목이다. 지속가능발전은 사회문화적 요인들과 평등, 빈곤, 민주주의, 삶의 질 등의 사회·정치적 사안 등의 보다 큰 맥락의 일부로서 환경교육을 포함한다. 이는 또한 사회의 변화와 진화에 관한 발전의 관점으로 학습목표가 매우 광범위하므로 하나의 독립된 주제나 과목으로는 가르칠 수 없고 다학제적으로 통합되어야 한다.

유엔 지속가능발전교육10년 국제이행계획에서 제시한 지속가능발전교육의 주요 내용영역은 환경적, 경제적, 사회문화적 영역으로 크게 구분해 볼 수 있다. 환경부문에서는 자연자원과 환경의 한계성을 인식, 인간의 활동과 의사 결정시 환경문제에 대한 고려, 환경문제와 사회, 경제적 문제의 상호의존성 등을 주요내용으로 하고 있으며, 경제부문에서는 경제성장의 한계 인식, 환경에 미치는 영향, 사회적 정의(공평성)를 강조한다. 사회부분은 민주주의, 기회의 공평, 참여, 문화적 다양성 등을 강조하고 있다.

위와 같은 교육을 위하여서는 특정연령대와 집단만을 교육해서는 상기의 목표를 달성할 수 없을 것이다. 그러므로 지속가능발전을 위한 교육은 '만인을 위한 교육'(Eucation for All)이며 이를 위해 다양한 형식의 교육이 필수적이다. 그러므로 지속가능발전교육은 형식교육(formal education), 비형식교육(informal education), 무형식교육 (nonformal

〈표 3〉 지속가능발전교육 내용영역

환경	경제	사회
· 자연자원 · 기후변화 · 농업 · 지속가능한 도시계획 · 재해예방 및 완화	· 빈곤퇴치 · 기업의 책임 및 책무 · 시장경제	· 인권, 평화, 안보 · 양성평등 · 문화적 다양성 · 건강과 에이즈 · 거버넌스

education) 등 모든 유형의 교육을 모든 지구촌구성원들에게 실시하고자 한다.

2. 한국에서의 지속가능발전교육 추진 현황과 과제

지속가능발전교육의 광범위한 내용영역과 만인을 위한 교육을 지향하는 점에서 이는 다양한 형태의 교육이 요구된다. 지속가능발전교육은 크게 형식교육과 비형식/무형식교육으로 나누어볼 수 있다. 교육대상도 학생에서부터 일반인, 기업가, 공무원 등에 이르기까지 다양하다. 이러한 지속가능발전교육의 특성상 다양한 분야의 폭넓은 관심과 참여가 교육을 설계하는 데 필수적이다.

현재 지속가능발전교육에 대한 국가수준의 논의는 교육인적자원부 주도의 연구나 구체적인 사업은 부재하며, 환경부에서 환경교육에 관심을 두고 있는 수준이다.

우리나라 지속가능발전위원회에서는 지속가능발전교육 관련 활동을 위해 2004년 2월 대외협력·교육전문위원회 산하에 '교육소위원회'를 구성하였고 2005년 6월에 「유엔 지속가능발전교육 10년을 위한 국가 추진전략 개발 연구」용역을 완료하고 현재에는 그 후속작업을 진행 중에 있으나 이는 교육실행을 주도하지 않은 기관으로서 한계를 가질 수밖에 없다. 이 기관에서는 최근 2005년 유엔 지속가능발전교육10년을 시작한 것을 계기로 지속가능발전교육10년을 위한 국가추진전략에 대한 연구를 실시하였다. 그러나 이 연구가 교육을 계획하고 실행하는 기관의 폭넓은 참여를 이끌어내지 못했으며 여전히 환경단체와 환경교육전문가에 국한되고 있어서 참여자들의 영역확대가 필요하다. 지금까지 국가 수준에서 지속가능발전교육을 체계적으로 추진하기 위한 법제적 근거와 기반이 없는 상태에서 구체적인 교육의 방향과 체제를 정립하기 힘들며 더욱이 교육을 추진하기는 힘든 구조이다. 그리하여 여전히 지속가능발전교육은 지속가능발전교육의 틀 안에서 논의되고 이행된다기보다는 기존의 환경교육 틀 안에서 진행되고 있으며 이는 지속가능발전교육의 목적을 달성할 수 없게 만드는 주요인으로 지적될 수 있다. 환경교육은 지속가능발전교육의 한 부분이지 지속가능발전교육의 전체는 될 수 없다.

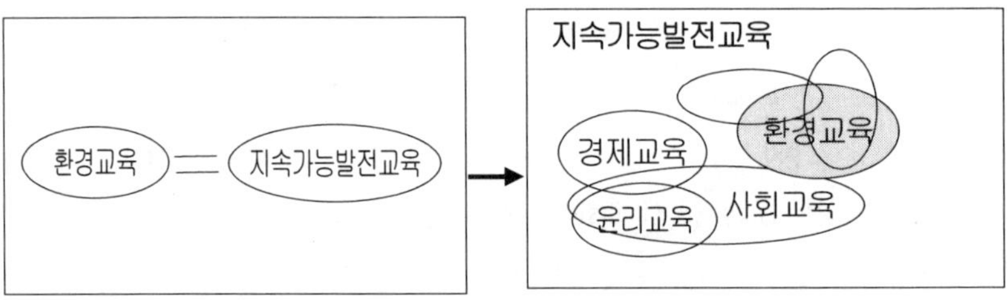

〈그림 2〉 지속가능발전교육의 영역

위와 같이 지속가능발전교육을 환경교육으로 제한적으로 이해하는 것이 현재 국내 지속가능발전교육의 현주소이다. 그러다 보니 지속가능발전교육의 방향과 목적도 환경교육의 관점으로 설정되어 있다. 먼저 환경교육을 넘어서서 지속가능발전교육으로 패러다임을 전환해야 할 것이다.

지속가능발전교육의 궁극적 목적은 사회의 지속가능발전이다. 교육은 이를 위해 무엇을 해야 할 것인가? 로 교육방향이 재설정되어야 할 것이다. 그러므로 지속가능발전교육은 단지 학교교육뿐만 아니라(형식교육), 다양한 형태의 비형식, 무형식교육을 포함해야 한다. 그리고 이러한 다양한 유형의 교육이 상호보완적인 관계를 형성하여 보다 효율적인 방안을 모색해야 할 것이다.

가. 형식교육 현황

2002년 12월 제 57차 유엔총회에서 "지속가능발전교육 10년(DESD)"을 2005년부터 착수하는 결의안이 채택되어 지속가능발전을 위한 교육의 중요성이 재차 확인되었다. 그런데 국내에서는 아직 지속가능발전을 학교교육에 포함시키는 노력이 부족하고 이 분야에 대한 연구도 미비한 것이 현실이다. 실제 학교교육의 구성은 크게 가르쳐야할 교육내용, 학생, 교사와 이를 지원하는 체제로 이루어져 있다. 먼저 학교교육의 목표와 교수내용, 체제를 담고 있는 교육과정을 통해 지속가능발전교육현황을 살펴보았다.

• 7차 교육과정과 지속가능발전교육

현행 7차 교육과정의 편제는 국민공통기본교육과정과 고등학교 선택중심교육과정으로 구성되어 있다. 국민공통기본교육과정은 교과, 재량활동, 특별활동으로 편성되어 있다. 재량활동은 교과재량활동과 창의적 재량활동으로 구성되어 있고 특별활동은 자치활동, 적응활동, 계발활동, 봉사활동, 행사활동으로 되어 있다.

7차 교육과정에서는 환경교육, 민주시민교육, 에너지 교육, 통일교육, 해양교육, 국제이해교육 등 범교과적인 학습은 재량활동을 통하여 중점적으로 지도하되 관련되는 교과와 특별활동 등에서 통합적으로 다루어지도록 하고 지역사회와 가정과 연계하여 지도하도록 권고하고 있다.

7차 교육과정에서는 주로 환경, 사회, 도덕교과에서 지속가능발전교육의 주제들이 주로 다루어지고 있다. 그 외 교과에서는 아주 제한적으로 지속가능발전개념을 다루고 있다. 그런데 지속가능발전개념을 주로 다루고 있는 환경교과는 교과재량활동으로 선택하게 되어 있는데 실질적으로 환경과목을 선택하는 학생의 비율은 3%미만으로 나타나서(2003년, 환경부) 학생들이 지속가능발전개념을 갖는데에는 한계가 있을 수밖에 없다. 그 외에 특별활동 등을 통해서도 교육의 기회는 있으나 가장 큰 문제점은 지속가능발전을 교육과정에 삽입하는 것에 대한 연구와 체계가 결여되어 있다는 점이다.

그리고 비록 지속가능발전과 관련된 주제가 다루어지고 있더라도 이 개념은 추상적이어서 이를 받아들이는 대상 특히 교사와 저자에 따라 개념의 이해정도는 상이하다. 교과서에서 다루어지는 교육내용을 살펴보더라도 저자에 따라 다루는 내용과 관점에 차이를 보이고 있어 교수내용의 범위와 표준의 마련이 시급한 과제로 보인다.

이러한 문제의 원인은 7차 교육과정은 처음부터 지속가능발전교육을 전제로 하지 않았으므로 이에 대한 교육목표의 설정과 교수내용과 방법에 대한 전문가의 합의가 없어서 산발적이며 비계통적으로 교육과정에 포함될 수밖에 없었다.

현재 8차 교육과정이 준비되고 있는 시점에서 먼저 지속가능발전개념이 교육의 목표에 삽입될 수 있도록 해야 할 것이며, 선택교과인 환경교과를 넘어서 모든 교육수준에서 전 교과목에서 지속가능발전개념의 맥락으로 교육내용이 재조직되어야 할 것이다. 또한 초, 중, 고등학교뿐만 아니라 대학 교육과정에서도 이러한 개념들이 반영될 수 있도록 개편되어야 할 것이다.

- **교사의 인식**

교육은 결국 교사에 의해 이행이 되는데 교사들의 지속가능발전 개념에 대한인식이 낮아 교육의 필요성과 방법을 알지 못하기 때문이다. 그러므로 먼저 교육공무원, 교장, 교감 등 학교 관리자와 교사들에 대한 연수를 통해 교육내용과 방법에 대한 가이드라인을 제시하고 대학에서의 교사양성교육에도 지속가능발전이 포함될 수 있도록 대학교육과정이 개편되어야 할 것이다.

- **학생의 필요성**

대학생들을 대상으로 한 설문에서 지속가능발전에 대한 개념의 이해도를 알아보았다. 대부분 학생들은 지속가능발전 개념에 대해 들어본 적은 있다고 응답하였으나 실제 이 개념의 의미를 적으라고 했을 때에는 정확히 의미를 파악하고 있는 학생이 극히 드물었다. 동시에 지속가능발전교육의 필요성에 대해서는 공감은 하나 실제 이에 대한 교육을 받을 의지는 부족하였다. 그 이유로는 대학생의 경우에는 취업과 진로에 도움을 주지 않을 것이라고 응답하였다. 이러한 현상은 대학뿐만 아니라 중고등학교에서는 입시와 연관되어 유사한 현상이 나타날 것으로 예상된다. 즉 학생들의 학습태세와 필요성에 대한 인식향상이 선행되지 않으면 실제 교육을 실시하더라도 교육효과는 낮을 것으로 예상된다. 그러므로 먼저 다양한 매체나 수단을 통해 학생들이 지속가능발전교육의 필요성을 공감할 수 있도록 해야 할 것이다.

위와 같이 아직 국가 수준에서 교육과정이 논의되고 마련되지 않은 상태이고 이를 추진하는 추진체계가 없는 상태에서 구체적인 교육의 방향과 체제를 정립하기 힘들며 더욱이 교육을 추진하는 것이 힘든 상황이다. 여기에는 우선 교육실행의 주체가 될 수 있는 교육전문가, 교육행정, 교사, 학생, 일반인 모두 지속가능발전교육의 필요성에 대한 인식이 낮은 상태로 일차적으로 이들에 대한 인식향상을 위한 홍보와 노력이 선행되어야 할 것이다. 이를 위해서는 대학과 관련전문가들의 적극적인 연구와 인식향상을 위한 교육훈련의 기회를 제공하여야 할 것이다.

또 하나 지속가능발전교육의 실행상의 어려움은 범부처적인 관심이 필요한데 이를 교육부내에서 실행할 수 있는 구조가 되지 않기 때문에 더욱더 실행상의 난항이 예상된다.* 외국의 경우에는 지속가능발전교육을 위한 위원회 또는 실행기구가 환경부나 교육부 내에 설치되어 있거나 이들 부서들의 협력으로 설치 운영되고 있다. 특히 일본지속가능발전위원회는 내각부내에 지속가능발전교육본부를 마련하여 각 부처의 협력을 이끌어 낼 수 있도록 추진을 촉구하고 있다.

한국에서도 지속가능발전교육을 위해 추진되어야 할 것은 다음으로 요약해 볼 수 있을 것이다.

- 범부처적인 성격을 띠는 지속가능발전교육 추진주체를 먼저 형성하고 이를 중심으로 다양한 사회의 파트너들과 연계해야 할 것이다.
- 환경교육이 아니라 지속가능발전교육이라는 새로운 패러다임으로 교육을 재설정해야 한다.
- 이에 따라 다양한 그룹들의 참여를 이끌어 낼 수 있는 홍보와 전략을 수립
- 지속가능발전과 그 교육에 대한 연구의 확산

---

* 2007년 1월 모든 중앙행정부처내에 지속가능발전탈당관을 두게 됨.

위와 같은 일들이 먼저 추진되어야 할 것이다.

그리고 특히 형식교육에서는 교사들과 학생들의 지속가능발전교육에 대한 필요성을 인식하는 것이 선행되어야 할 것이다. 이를 위해 다양한 매체를 활용한 다양한 무형식 교육이 활성화 되어야 할 것이다. 그 다음으로는 교육을 실제 할 교사들의 재교육과 다양한 프로그램의 노력들이 동시에 필요할 것이다. 이러한 노력은 대학이 선도적으로 수행해야 할 것이다.

앞으로 보다 실질적으로 지속가능발전교육이 이루어지기 위해서는 형식교육에서는 다음과 같은 노력들이 필요할 것이다.

- 교육과정개정시 지속가능발전을 다루는 시간 수를 확대
- 지속가능발전에 대해 다루는 영역의 확대(예: 인권, 평화 양성평등교육 등의 내용을 삽입)
- 통합적 접근이 가능할 수 있도록 융통성 있는 교육과정의 운용
- 교육전문가의 양성과 재교육기회의 확대
- 다양한 교육프로그램의 개발
- 학급별 교육내용과 수준을 고려한 교육과정 설계
- 형식교육에서 다양한 비형식 교육을 활용하는 방안 마련
- 다양한 전문가를 활용할 수 있는 교육운용의 법적, 체제적 정비

대학에서의 지속가능발전 교육 현황을 살펴보면 지속가능발전교육과 연구는 아직 성숙되지 못했다. GHESP는 SD달성을 위한 고등교육기관의 노력을 장려하기 위한 사업으로 이 사업의 선도기관은 IAU, ULSF, COPERNICUS-CAMPUS, UNESCO가 있다. IAU에는 전 세계적으로 650개 대학이 가입되어 있는데 우리나라의 경우에는 2개의 대학만이 가입되어 아직은 대학에서 지속가능발전에 대한 관심이 부족한 것이 현실이다. 그러나 최근 들어 일부 대학에서 지속가능발전 연구와 교육의 필요성을 인식하고 세미나를 개최하고 있으나

아직 지속가능발전을 위한 교육과정 개편 노력은 보이지 않고 있다.

대학에서도 지속가능발전교육는 환경교육과 동일하게 인식되고 있으므로 지속가능발전교육은 환경교육에 국한되어 있다. 그런데 대학에서의 환경교육은 대부분 자연과학에 기초한 환경에 관한 교육, 환경오염에 대한 교육에 제한되어 있는 것을 알 수 있다. 인문, 사회, 복지, 경제, 평화 등 다양한 영역에서의 전문가 양성이 필요하다.

그리고 일반인뿐만 아니라 공무원, 기업인 등 사회 전 분야에서 활동하는 사람들의 "지속가능발전"에 대한 개념 인식이 매우 낮은 현실에서 대학과 같은 고등교육기관은 학내뿐만 아니라 사회적 요구에 맞는 다양한 분야의 전문가를 양성하고 재교육할 의무가 있으나 한국 내에서 지속가능발전 분야의 전문가 교육을 실시하는 대학은 극히 드문 현실이다.

대학 지속가능발전 교육의 주요 쟁점은 다음과 같이 요약해 볼 수 있다.

- 교수, 학생 모두 지속가능발전에 대한 낮은 인식이 이 분야의 연구와 교육의 걸림돌이 되고 있다. 먼저 지속가능발전 개념의 널리 확산시킬 수 있는 방법을 모색해야 할 것이다. 대학차원에서 다양한 세미나와 포럼을 진행하여 개념 확산노력을 해야 할 것이다.
- 사회적으로 SD분야에 대한 인식이 낮고 그리하여 학생들도 이를 전공하려는 노력이 낮은 것으로 볼 수 있다. 그러나 사회에서는 국내뿐만 아니라 국제적으로 다양한 SD전문가를 필요로 한다. 대학교육도 사회적 수요를 예측하고 이를 반영하는 노력이 필요한데 환경과 관련하여 과학기술분야의 인력은 충분하나 인문, 사회적 측면이나 국제적 이행에 관련한 전문가는 부족한 현실이다. 사회의 수요에 따라 맞는 전문 인력 양성이 필요할 것이다.
- 지속가능발전교육과 연구는 학제적 연구가 불가피하다. 그러나 대학시스템은 여전히 분과적으로 운영되어 학제적 연구와 교육을

> 지원하기에는 부족한 점이 많다. 산업시대의 분업화가 교육과 연구에도 영향을 미쳤다고 볼 수 있다. 21세기는 산업시대가 아니라 정보화시대이며 정보를 목적에 맞게 재조직할 수 있는 능력이 요구되는 시대이다. 더 이상 분과적인 교육시스템은 지식의 재조직 즉 필요에 따라서는 학제적 통합이 필요한 분야에서는 개편이 불가피 할 것이다.

지금까지 대학에서의 SD 교육의 주제는 자연환경 분야가 대부분이었으나 사회, 경제적 분야 나아가 평화와 안보까지 편입될 수 있도록 노력해야 할 것이다. 그리고 소재도 지역문제에서 국가 나아가 세계적 환경문제 해결이라는 현실적 내용을 다루어야 할 것이다. 그리고 지식뿐만 아니라 가치와 태도변화를 통한 참여를 이끌어 낼 수 있도록 해야 할 것이다.

나. 비형식, 무형식 교육 현황

우리나라 성인의 평생교육 참여율은 2004년 현재 17.3%로 OECD 회원국의 평균 참여율인 35%의 절반에 불과하다. 정부에서도 평생학습에 대한 지원의 규모를 늘려가고는 있으나 여전히 이 부분의 교육기회가 확대되어야 할 것이다. 그리고 평생교육의 대부분은 주로 취미, 교양교육에 집중되어 있고 환경부문이나 지역사회의 지속가능발전에 대한 교육프로그램은 없다. 그리고 이용대상 연령도 제한적임을 알 수 있다.

환경관련 분야에서는 환경단체가 교육을 주도해 나가고 있다. 우리나라 환경단체는 1992년 리우회의와 문민정부의 탄생을 계기로 양적으로 매우 성장하게 되었으며 2004년 환경백서에 따르면 현재 우리나라에는 321개의 민간 환경단체가 정식으로 등록되어 있다. 지역별로는 서울이 269개, 경기 39개 등으로 지역적으로 편중되어 있다. 그 중 환경교육프로그램을 제공하고 있는 단체에서의 일차적인 교육목적은 일반시민과 회원의 환경의식을 높이고자 진행했으며 특정 환경문제에 대한 교육이 중심이 되었다. 그리고 교육을 전담하는 담당자의 수는 대부분 1인으로 환경교육전문가의 수가 매우 적었다.

교육대상은 초등학생이 52%, 중학생 37%이며 대학생이 6%정도로 대부분 초, 중등학생이 대부분이다(환경부, 2001). 그러나 점차 취학전 아동의 수도 확대되고 있는 실정이다. 그러나 교육효과에 대비하여 주부들의 교육활동이 잠재적으로 취약한 편이다.

조사된 환경교육프로그램은 생태기행, 농촌체험 등 주로 자연체험 프로그램으로 주로 생태문제와 일상생활에서 활용할 수 있는 교육이 중심이 되고 있다. 그러나 지속가능발전이라는 맥락에서의 교육이 실시되고 있지는 않다. 그러므로 다양한 주제의 프로그램 개발이 시급한 문제이다.

위와 같이 교육대상의 편중, 교사의 질 관리, 프로그램의 부재 등 해결해야 할 문제들이 많다. 그리고 이런 문제와 함께 기존 교육의 활용방안에 대한 연구도 필요하리라 생각된다.

특히 비형식, 무형식 교육을 형식교육에서 활용하는 방안과 이들 교육들 간의 상호 협조 노력이 있다면 현재의 조직에서도 교육의 효과는 증대하리라 생각된다. 예를 들어 지역의 관공서는 그 지역사회의 현황과 문제점 공유하면서 이러한 문제의 해결에 주민의 이해와 참여를 유도할 수 있고 학생의 경우는 지역사회를 이해하는데 이보다 더 훌륭한 교육의 공간이 없을 것이다. 그러므로 초, 중등학교에서도 지역사회의 이해에 이를 교육에 활용할 수 있어야 하며 관공서도 이들을 위한 교육에 협조하여야 할 것이다. 이러한 노력도 계속되어야 하지만 위와 같은 문제를 해결하기 위해 다음과 같은 노력들이 앞으로 계속되어야 할 것이다.

- 지속가능발전교육의 필요성에 대한 일반인들의 인식확산을 위한 노력
- 교육전문가의 양성
- 대학교수 및 관련 전문가-교사-시민단체의 교육자들을 연대하여 지속가능발전연구와 교육의 연계를 위한 네트워크 구축
- 다양한 분야의 전문가들이 지속가능발전교육의 틀 안에서 활동할 수 있도록 네트워크 구축
- 이러한 네트워크들을 지원하는 체제 구축
- 구체적 프로그램의 개발과 프로그램, 교육전문인력·풀(pool)을 구축

3. 일본과 중국의 지속가능발전교육 추진 현황

가. 일본

일본에서 ESD라는 용어가 도입된 것은 최근이나 지속가능한 사회를 만들기 위한 교육적 노력들은 오래전부터 시작되었다. 1990년대 이전에는 주로 자연환경, 인간과 지구시스템에 대해 각각 분리되어 교육이 되었으나 1990년대에 들어 이들 각각의 분야들이 통합을 이루기 시작한다. 그리고 발전, 빈곤, 인구문제, 평화와 세계적 환경문제를 연계하여 다루고 이러한 포괄적인 형태의 교육이 2002년 형식교육과정에 삽입하게 되었다. ESD의 핵심적인 개념들이 포괄적인 환경교육시스템(comprehensive-system Environment Education)을 통해 구체화되고 있다.

일본은 유엔에서의 UN DESD 채택 이전에 열린 2002년 지속가능발전세계정상회의(WSSD)에서 '지속가능발전을 위한 10년(ESD 10년)'을 UN에 제안하는 등 이 분야에서는 선도적 역할을 하고 있다.

일본에서의 이러한 활동의 추진 모체가 바로 ESD-J[6](Japan Council

on the UN Decade of Education for Sustainable Development)이며, 2003년 6월 출범하여 다양한 지속가능발전교육 관련 활동을 하고 있다. 이 단체에는 90여개의 시민사회단체와 190여명의 개인이 회원으로 가입하여 비정부기구로서 시민네트워크 중심의 활동을 하고 있는 것이 특색이다. 이것은 일본의 환경교육은 공해교육으로 시작되었지만 이러한 환경은 시민들의 노력을 이끌어내는 결정적 역할을 하였으며 이것은 학습을 통하여 시민이 주인으로서 문제해결에 적극적으로 나서서 정부를 움직였다. 그 결과 지방분권하의 지방자치제가 성립되었고, 1998년 탄생한 NPO법인 설립 등의 성과를 낼 수 있었다. 이러한 맥락에 더하여 환경교육은 실천교육이 수반되어야 하는데 이러한 실천적인 교육은 시민이 주체가 되도록 하였다. 지역주민 스스로 지역 문제해결에 어느 정도 참여하고 있으나 이들의 역할범위와 수준을 어떻게 확대해 나가야 하는가가 현재의 과제이다. 그러나 일본의 지속가능발전교육은 시민이 주도로 한 것으로 그 일차적인 수행의 조직형태가 지속가능발전교육을 통해 추구하려는 것과 일치하므로 그 성공가능성은 높을 것으로 기대할 수 있다. 이러한 일본의 움직임이 한국, 중국의 국가주도의 ESD추진과 보완할 수 있도록 연대를 마련하는 것이 ESD의 교육효과를 증대시킬 수 있을 것이다.

ESD-J는 일본 정부와 NGO가 공동제안한 DESD에 대해 내각부에 추진본부를 두고 내각총리대신이 본부장이 되는 등 정부 내의 추진체제를 갖추고 ESD가 지속가능한 사회 구축에 기여할 수 있도록 국내·외의 환경, 개발, 인권 및 평화, 성, 문화다양성, 보건 등 사회적 과제에 관한 교육을 위해 관련 단체와 개인의 네트워크를 형성하는데 일차적으로 주력을 다하고 있다. ESD-J는 시민의 자주적인 노력

6) http://www.esd-j.org

을 기본 축으로, 교육기관이나 행정기관뿐만 아니라 NGO를 시작으로 생겨나는 다양한 이해관계자들의 파트너십에 의해 실행될 수 있는 구조를 시민들이 직접 제시하도록 해서 그것을 정부의 계획에 반영시키고자 한다.

〈표 4〉 ESD-J의 역할

1. 서로 다른 각 분야의 NGO가 서로 상호 협력하면서, 지속가능한 사회 만들기에 참가할 수 있는 네트워크를 만든다. 2. 일본정부의 상대역할로 시민 및 NGO등이 정부, 지방자치단체, 국제기관, 기업, 교육 관련 기관과 파트너쉽을 형성하고, 국내외에서 실질적인 「지속가능한 발전을 위한 교육」을 실현하기 위한 정책을 제언하고 서로 협조한다. 3. 학교교육이나 사회교육, 마을 만들기 등을 통해 지속가능한 사회 만들기에 NGO가 참가할 수 있는 구조를 강화한다. 4. 「ESD의10년」에 관한 국제적 상담 역할을 수행한다. 5. 「교육의10년」을 통해, 국제적으로 활약할 수 있는NGO 인재를 육성하기 위한 구조를 만든다. 6. 일본의 NGO가 국제기관에 프로젝트를 제안 하고, 자금획득이 가능할 수 있는 정책을 추진한다.

먼저 일본정부는 2003년 환경교육진흥법(An Environmental Education Promotion Law)을 도입하여 환경교육을 위한 정부정책의 개발을 지원하고 있다. 그러나 일본역시 분과적인 행정시스템으로 인해 포괄적인 지속가능발전정책을 수립하는 것에는 한계를 드러내고 있으며 이러한 한계에 대한 인식으로 인해 최근에는 부처 간의 협력프로젝트를 장려하고 있다. 또한 일본정부는 내각부에 추진본부를 설치하여[7] 정부 내의 추진체제를 정비하여 지속가능발전교육에 대한 제도

7) 지속가능발전교육을 위한 추진주체는 국가별로 차이가 있다. 일본은 내각

적 기발을 마련하였다. 그러나 한국의 경우에는 지속가능발전교육을 추진하는 추진체제가 없어 학교와 같은 형식교육에서도 일부 영역에서 교사의 능력에 의존적으로 도입되고 있으며 사회부분에서도 각 단체별로 산발적으로 일어나 이를 지속가능발전교육의 틀로 합류시키지 못해 지속가능발전교육의 한계를 드러내고 있다. 이를 위해 한국의 대통령직속 지속가능발전위원회(PCSD)는 범부처적인 성격을 가질 수 있는 지속가능발전교육 추진체 설립을 추진 중에 있다.

일본의 NGOs는 정부의 활동을 도와주고 있다. 일본 NGOs활동은 서구 유럽에 비해 정책수행에 있어서 영향력이 적으나 환경관련 NGOs 만은 예외적으로 일본사회에서 시민사회의 관심을 많이 받고 있다. 그러나 여전히 조직이나 자금에는 취약한 면이 많다. 이러한 점을 해소하기 위해 정부가 1993년 Global Environment Fund를 설립하여 환경과 환경교육 분야의 활동을 지원해오고 있다. 10년간 70억 엔이 NGOs의 환경보호를 위한 활동에 사용되었고 2,000개의 사업을 지원하였다.

일본의 형식교육에서의 환경교육과 지속가능발전교육은 한국과 마찬가지로 학교에서는 입시경쟁과 교사들의 과도한 부담으로 인해 지속가능발전교육이 저조한 실정이다. 우선 사회 모든 구성원들의 지속가능발전교육에 대한 인지도를 높이고, 다양한 단체와 시민이 지속가능한 사회 만들기 교육활동에 참가할 수 있도록 그 기회를 높이는 것을 목표로 하고 있다.

또한, 지속가능발전교육을 수행하기 위해 필요한 기본적인 사항, 실천사례 등의 정보 구축, 일본국내・외 각지의 네트워크를 정비・

부 내에 설치되어있다. 한국의 경우는 대통령직속 지속가능발전위원회의 대외협력・교육분과에서 이를 관리하나 뚜렷한 핵심주체가 없는 실정이다.

지원하는 등 실제 행동으로 연결시킬 수 있는 기반을 만들어 가는 것도 중요한 목표로 하고 있다. ESD-J는 이렇게 시민의 생각을 반영시켜가는 과정 그 자체 또한 지속가능발전교육이라고 생각한다. 이를 위해서 ESD-J는 일본에서 가까운 아시아 태평양을 시작으로 세계 각지의 시민들과의 네트워크 구축을 장려하고 있다. ESD-J는 지속가능발전교육 관련 정책제안 정보교류 국제네트워크 등의 사업을 주로 하고 있다. 이러한 생각들이 일본의 주도로 실행하는 DESD의 수단으로서의 RCE[8]로 발전해 나가고 있다.

일본은 정부, 지방자치단체, NGOs, 산업, 노동계, 학교 등 다양한 그룹들이 ESD활동을 전개해나가고 있으며 특징은 NGOs와 같이 시민활동가들이 주축이 되고 이들의 활동은 지역에서 시작하고 있으나 이들은 곧 국제교류의 핵심주체이기도 하다. 이들의 활동은 한국과 중국 등 동북아 내에서도 ESD를 증진하고 지원하고 협력하여 전지구적인 문제해결의 주도적 역할을 할 것이다.

나. 중국

중국의 환경교육은 초기 정부주관에서 출발하였으나 현재 NGOs 주관으로 바뀌어가고 있으며 이러한 흐름은 ESD교육에서도 이어지고 있다. 중국의 ESD 추진은 1996년 국가환경보호국(National Bureau for Environmental Protection), 중국 공산당 선전국(Centeral Bureau for Publicity), 교육부(Ministry of Education)에서 “The guideline for advocating education for sustainable development in china”를 발간하면

8) UN대학은 2005년부터 2014년까지의 지속가능발전을 위한 교육 10개년을 장려하기 위한 수단의 하나로 ‘RCE’개념을 제안했다. RCE는 지역/지방 차원에서 ESD를 공동으로 촉진시키기 위해 정부, NGO, 기업 등의 네트워크를 말한다.

서 시작되었다. 그리하여 1996년 중국의 그린스쿨프로그램(Green School Programme)을 공식적으로 시작하게 되었다. 그 후 2000년에 처음으로 105개의 학교가 전국 단위의 그린스쿨로 지정되었다[9]. 2003년 제10회 전 인민대회(National People's Congress)에서 지속가능발전을 위해 과학과 교육으로 국가재건을 촉구하고 교육부가 공교육에서 ESD를 촉진하기 위해 "Syllabus of Thematic ESD in Primary and Middle school" 과 "Guidebook for Implementing Sustainable Education in Primary and Middle school"을 발간하였다. 2003년 말 현재 15,000개 이상의 학교가 그린스쿨로 선정되었고,[10] 2004년 현재 12개의 사범대학에 ESD센터가 설립되어 그린스쿨 프로그램을 지원하고 있다. 그린스쿨은 지속가능발전에 학교교육의 중요성을 인식하고 있을 뿐만 아니라 학교자체에서도 이를 위해 실천적 노력을 강조하고 있다. 또한 환경교육에 대한 교수방법의 다양화를 가져왔다고 그 성과를 평가하고 있다. 이러한 그린스쿨 프로그램은 지속가능발전교육의 토대가 되고 지속가능발전교육 촉진에 많은 성과를 보여주고 있다.

그러나 실제 그린스쿨로 지정받은 학교도 중국의 동부와 서부의 경제발달수준의 차가 심하여 차이가 날 뿐만 아니라 실제 상위권에 속하는 그린스쿨에서도 교사나 교직원들의 환경관리에 대한 인식이 낮았다. 더욱이 시골학교의 경우에는 교사와 시설 여건 등 모든 면

---

9) 그린스쿨의 지정은 지정받고자 하는 학교에서는 자체 평가보고서를 정해진 항목에 맞추어 선정위원회에 제출하여 심사 후 결정된다. 보고서 항목은 지역별로 차이가 있으나 주로 환경적인 학교 운영사례, 교육과정, 환경보호와 관련된 학생들의 학내외 활동, 환경을 고려한 학교교정과 건물 짓기 등이 있다.

10) 그린스쿨에 지정된 학교는 2003년 현재 전국단위의 학교 284개교, 올해 200교 추가 예정, 도 단위: 3269개교, 시 단위: 7573개교, 현 단위 6274개교가 지정되어 있다.

에서 그린스쿨을 진행할 수 없었다. 그리고 학년에 올라감에 따라 졸업과 진학에 대한 스트레스가 증대되어 중학교는 초등학교보다 활동이 소극적이다. 중국의 그린스쿨프로그램은 이러한 지역격차에 따라, 학교급별에 따라 활동양상에 많은 차이가 있었다.

중국 EPD(Education for Environment, Population and Sustainable Development)의 추진목표는 사회의 모든 구성원들이 환경, 인구, 지속가능발전에 대한 이슈에 대한 지식을 가질 수 있도록 하는 것에 있다. EPD는 국제적인 ESD활동과 국가의 환경, 경제, 사회-문화에 실질적인 연결이 될 수 있는 이론적, 실질적 활동의 구심역할을 하고 있다. EPD는 1998년 Chinese National Commission for UNESCO에 의해 시작되었으며, 중국정부의 지원을 받고 있으며 1000개 이상의 학교가 참여하며 UNESCO의 주요 프로젝트로 기획되었다. EPD는 EPD를 위한 국가운영위원회(National Steering Committee for EPD), EPD를 위한 국가실행위원회(National Working Committee for EPD) 등 여러 위원회 아래 조직되었다. 지방실행위원회는 지역단위에서의 EPD의 계획수립과 이행을 지원한다. 또한 국제적인 파트너십을 강조하는데 이들의 활동은 전문가들이 국제적인 관련 국제회의에 참여하여 경험을 교환하도록 한다.

이러한 EPD 활동의 성과는 첫째, 이 프로젝트가 국가의 정책결정자들에게 ESD의 중요성을 인식하는데 영향을 미치는 것으로 나타났다. 둘째, EPD교육프로그램에 참여한 실질적인 경험을 바탕으로 북경교육위원회는 “Environment and Education on Sustainable Development”에 초점을 둔 교재개발을 지원하였고 이 과목이 2005년 초, 중등학교에 보급되었다. 셋째, 시범학교의 성공적인 운영이 교육종사자들에게 ESD로 교육 개혁할 수 있도록 그들의 관점을 바꾸게 했다. 그리고 교사들의 체험활동을 통한 교육처럼 교수방법의 개혁을 가져오는 계기를 마련하였다. 넷째, EPD프로젝트는 학생들을 사회, 삶, 환경을 돌보는 방법을 배우게 하였다. EPD에 참석한 학생들은 지속가능발전을 위해 지역사회의 공익적인 활동에 적극적으로 참여하게 되었다.

중국에서의 ESD는 국가교육과정개혁을 통해 더욱더 진전될 것으로 기대된다. 이러한 개혁은 다양한 이해당사자들의 참여를 통해 이루어지는 것이 바람직할 것이며, 이와 동시에 교사들의 참여가 필수적이다. 그러나 교육분야에서 다양한 이해 당사자들의 참여는 지극히 제한적이며 교사교육은 일부 사범대학을 중심으로 지속가능발전교육을 교육과정에 삽입하고 있는 현실이다. 형식교육에서 주로 ESD가 논의 되고 있으며, 비형식, 무형식 교육분야와의 연계는 거의 전무한 형편이다.

중국은 자국 내에서 지속가능발전교육의 필요성에 의해 교육개혁을 하거나 활성화를 하는 것보다는 2008년 북경올림픽개최 등을 계기로 환경개선의 필요성을 통해 활성화되었으며, 국제적인 네트워킹, 협력과제나 워크샵, 회의, 국가간상호방문 등을 통하여 환경교육의 활성화를 가져왔다. 이러한 현상은 비단 중국에서의 현상만은 아니다. 이러한 현상은 지속가능발전교육을 통한 성과가 개인의 성과가 아니라 공공의 성과로 나타나기 때문에 내적인 교육의 필요성이 낮기 때문인 것으로 국제적인 협력과 독려가 매우 필요하다. 이러한 지속가능발전교육의 한계로 인해 국제적인 협력은 필수불가결하며 한편으로는 국제교육협력이 타 분야에서 이루어지는 협력보다는 성공적일 수 있을 것이다.

Ⅳ. RCE를 통한 ESD의 이행과 국제협력방안

지속가능발전교육의 목표는 교육을 통하여 궁극적으로 사회가 지속가능발전을 달성하는데 있다. 그리고 지속가능발전이 의미하는 바가 어느 특정 분야의 노력만으로 달성할 수 없는 주제의 포괄성이 있다. 이러한 특성으로 인하여 교육에 참여하는 교사, 교육내용뿐만 아니라 교육소재에 있어서도 지역적 문제에서부터 세계적 문제에 이르기까지 폭넓다. 이와 같은 이유로 지속가능발전교육은 다양한 분야의 참여가 필수적이고 그러므로 이들의 네트워크의 형성과 유지가 교육에 매우 중요한 위치를 차지한다.

본 연구에서는 지속가능발전교육을 위한 네트워크형성에 초점을 둔 UNU의 RCE를 통하여 ESD가 어떻게 이행되고 있는지 그리고 이를 통한 국제협력방안을 제언하고자 한다.

1. RCE 추진 현황

유엔의 DESD 10년을 이행하기 위한 수단으로 UNU가 고등교육기관, 초 · 중등교육체계, 지방 정부 및 지역의 다른 이해관계자들 간의 획기적인 협력 방법을 개발하기 위해 RCE개념을 도입하였다.

RCE란 지속가능발전교육을 위해 지역 내의 각 분야의 전문가들을 활용할 수 있도록 네트워크를 형성하는 것을 말한다. UNU는 이러한 RCE를 통하여 지속가능발전교육이 확산될 수 있도록 전략을 세우고 다음과 같이 2005년부터 전 세계에 RCE를 인증해 나가고 있다(표5). 이 표에서와 같이 RCE는 UNU가 일본에 소재하는 관계로 일본 내에 가장 많은 RCE가 인증을 받았다. 2005년 한국에서는 통영시, 연세대, 경상대가 주관하여 통영RCE를 지정받았다. 중국은 아직 RCE가 설립되지 않았으나 북경에 소재한 UNESCO지부를 통하여 이를 추진 중에 있다.

현재 이들 RCE들의 활동은 각 국가마다 ESD추진에 차이를 보이고 있으나 대체적으로 각 RCE마다 ESD를 추진하기 위한 지역 내의 네트워크를 형성해 나가는 과정으로 이들의 구체적인 성과가 도출되는 상황은 아니다. 그리고 RCE의 주관 기관들도 지역의 시에서부터 대학, 동물원에 이르기까지 다양하다. 주관하고 있는 기관에 따라 추진하는 역점사업에는 차이가 있으나 이들은 궁극적으로 다양한 이해당사자들의 참여와 기관들의 네트워크를 강조하고 있다.

〈표 5〉 UNU가 인증한 RCE현황[11](2006년 4월 현재)

지역	국가/도시	추진기관
유럽	라인-뮤즈(독일, 네델란드, 벨기에)	Open Universitat
	스페인 바르셀로나	카탈루냐 전문대학
아시아태평양	말레이시아 페낭	말레이시아 과학대학
	일본 센다이	미야기 교육대학
	일본 오카야마	오카야마시
	대한민국 통영	통영시, 연세대, 경상대
	남태평양군도	남태평양대학
	요르단	유엔대학 국제리더십연구소
	일본 요코하마	요코하마시
	필리핀 세부	University of the Philippines Cebu College
아메리카	캐나다 토론토	토론토시, 동물원
아프리카	가나	

11) 2006년 4월 현재 UNU에서 지정한 RCE는 전 세계에 12곳이나 현재 RCE를 추진하는 도시들이 많아 그 숫자는 계속해서 늘어날 것이다. 결국 RCE라는 지역거점을 통하여 지역중심을 활동을 전개해 나가지만 한편으로는 이러한 RCE들의 네트워크를 통하여 전 세계적인 네트워크를 형성하게 될 것으로 전망된다.

RCE는 지역에 기반을 두고 교육을 통하여 그 지역사회가 지속가능한 발전을 이룩해 나가도록 노력하고 있으며 다른 한편으로는 이들 RCE들 간의 네트워크를 통하여 전 세계적인 문제의 공감과 공동의 이행노력을 이끌어내고자 한다. RCE들 사이의 네트워크 형성은 아직 초기 단계로서 각 RCE들의 관심영역을 중심으로 RCE들 사이에 자발적으로 형성되고 있다. 이러한 방식의 네트워크 형성은 SD달성을 위한 전 분야에 걸친 조직적이고 계획적인 네트워크의 형성이 아니라 RCE에 참여하는 연구 인력이나 그 지역사회의 필요에 의한 협력으로 전체적인 전망에서 네트워크를 형성하지 못한다는 점에서 한계를 보인다. 현재까지 관심을 보이고 네트워크를 형성하고자 하는 분야는 주로 변환교육(Transformative education) 분야이고 거버넌스와 RCE의 지속성(Governance and sustainability of RCE), 연구개발 분야에서의 네트워크 구축의사는 매우 낮게 나타났다[12]. 즉 이로 미루어보아 SD분야의 연구에 종사하는 사람들은 매우 낮을 것으로 예측된다. SD를 달성하기 위해서는 이에 대한 연구와 이를 교육적인 노력으로 이행해 나가는 과정이 연계가 되어야 할 것으로 생각되나 아직 RCE를 통하여 이들의 활동이 연계되지는 못하고 있는 것으로 생각된다. 이를 위해 UNU가 RCE운영에 대한 구체적인 이행방안들을 제시해야 할 것이다. 이와 같은 문제들에 대하여 RCE 사업의 주도적 역할을 하는 UNU의 역할이 미미하며, RCE운영에 대한 구체적인 이행방향의 설정이 필요할 것이다.

---

12) 2006년 4월 요코하마에서 전 세계 RCE들의 세미나에서 전세계 RCE관계자들 사이의 연구네트워크 구축의사를 타진하였다. 그 결과 SD 연구 분야의 네트워크에 참여하는 RCE는 매우 적었다.

2. RCE를 통한 ESD 이행의 특징과 제한점

RCE의 운영방향은 전체적으로는 ESD 교육목표를 달성하는데 초점을 두고 있으나 이행에 있어서는 각 RCE들의 고유한 몫으로 남겨놓았다. 그런데 RCE의 운영추진 주체들이 상이하며 그러다보니 추진주체에 따라 RCE의 역할과 성격이 달라질 것으로 예상된다. 현재까지 드러나 RCE 운영상황을 분석해 보면 일본의 경우 센다이 광역 RCE는 미야기 교육대학에 사무국을 두고 운영되고 있다. 센다이 RCE는 교사양성, 교육프로그램 개발 등 직접적인 교육을 위한 연구개발이 중심이 되고 있다. 특히 기존의 환경교육을 중심으로 RCE활동이 전개되고 있으며 SD의 사회·경제적 측면에 대한 연구활동은 부족하다. 한편 페낭의 RCE 운영은 말레이시아 과학대학을 중심으로 전개되고 있어서 주로 환경과학과 에코캠퍼스 활동을 중점사업으로 하고 있다. 한국의 통영RCE는 지방정부와 지역대학 뿐만 아니라 서울의 종합대학과 연계하여 운영되고 있어서 지속가능발전에 대한 연구가 일본의 타 RCE에 비해 강화된 형태로 볼 수 있다. 이와 같이 RCE의 운영은 지역의 환경적, 사회적 여건뿐만 아니라 이를 주도하는 주도기관의 성격에 따라 다르다. 이러한 운영의 장점은 지역적 필요성을 만족시킬 수 있다는 점이 있으나 단점으로는 이행주체의 성격에 의해 RCE의 활동이 제한적일 수 있어 전체적인 관점으로의 ESD추진에 한계를 지닌다는 점이다. 이러한 단점은 UNU의 RCE 운영에 대한 지침을 통해 보완될 수 있어야 할 것이다. 각 RCE는 앞으로 이러한 운영주체의 특수성을 극복할 수 있는 방안을 마련해야 할 것이다. 현재 여전히 RCE를 운영하는 참여단체나 기관은 환경 분야에 제한적이어서 지속가능발전에서 지향하는 환경, 사회, 경제적 관점의 통합은 실질적으로 이루어지고 있지 않은 형편이다.

다음은 RCE운영에 대한 것으로 RCE운영도 ESD와 마찬가지로 다양한 이해당사자들의 협력과 학제 간 통합의 문제가 가장 중요한 쟁점이다. 여전히 RCE도 환경적 관점으로만 운영되고 있어 지속가능발전교육으로의 전환이 필요하다. 그리고 다양한 파트너십을 구축하는 방안과 운영 방안 대한 연구가 필수적이다. 마지막으로 각 RCE 운영에 대한 재원마련이 시급한 문제로 대두되었다. RCE는 ESD교육의 실행의 추진체가 아니라 네트워크 형성이 주요 역할이기 때문에 재원확보와 교육제도의 구축 등은 모두 참여하고 있는 단체나 기관에 달려있어서 그 실효성에 한계가 있다. 이를 위한 극복방안이 마련되어야 할 것이다.

3. RCE를 통한 한, 중, 일 ESD교류협력방안

현재 한국과 일본의 경우에는 RCE가 출범하여 활동하고 있다. 그러나 중국의 경우에는 아직 RCE가 공식적으로 출범되지 않아서 이들을 통한 국제협력을 논하기에는 아직 이르나 중국도 RCE를 추진할 예정이고 기존 RCE들에서는 네트워크가 형성되고 있는 시점이다. 그러다 보니 RCE들 간의 네트워크를 어떻게 이끌고 나갈 것인가가 주요 이슈로 등장했다.

RCE활동의 다양한 영역 중에서 환경교육 분야가 가장 활발하게 활동하고 있는데 환경교육 분야에서는 한 · 중 · 일 3국의 협력이 있으나 이들의 활동은 대부분 세미나를 통한 전문가들의 연구교류 수준이다. 다른 분야에서도 각기 교류와 협력은 있을 것이나 이들이 지속가능발전의 틀 안에서 활동하고 있는 것은 거의 없는 실정이다. 현재 추진하는 RCE는 대학만이 운영주체가 아니다 보니 이들 사이의 교류와 협력의 양식도 다양해 질 수밖에 없을 것이다. 그러나 이러한 교류협력의 어려움에도 불구하고 각 RCE들이 갖는 다양성으로 인해 각국에서 진행되는 ESD추진의 제한점을 극복할 수 있을 것으로 기대된다.

지금과 같이 RCE의 형성과 활동상황을 미루어 보아 한・중・일 3국의 RCE를 통한 협력은 다음과 같이 진행되는 것이 효과적일 것으로 제안한다.

- RCE는 지역적 특성이 비슷한 RCE들 간의 교류를 먼저 실행한다. 예를 들어 한국의 통영RCE와 센다이 광역RCE 중 케세누마지역은 지리적 특성과 규모가 비슷하여 환경적, 사회적 문제의 유사함이 있다. 그러므로 이들이 공통적으로 가지는 문제에 대한 해결을 위한 연구나 이행의 결과를 공유하는 것으로 협력을시작하는 것이 바람직하다(그림에서 RCE1과3과의 협력).
- RCE는 다양한 영역의 파트너십의 참여를 강조하는데 각 RCE에서는 이들의 통합적 노력을 강조하는 것이 바람직하나 3국간의 국제 협력에서는 분야별로 각각 파트너십을 구축하는 것이 효율적이다. 이는 기존 영역의 네트워크를 활용할 수 있는 장점이 있으나 아직까지도 특정 분야만이 RCE에 참여하고 있어서 이를 극복하는 과정이 선행되어야 할 것이다(그림에서 RCE1과2와의 협력). 이러한 방식의 협력은 RCE의 주도 기관의 성격에 따라 운영방향의 제한점을 극복할 수 있는 대안이 될 수 있을 것이다.
- RCE는 각 추진주체에 따라 운영방향이 상이한데 오히려 RCE의 특징을 전문화시켜 이들의 경험과 결과를 공유하여 제한점을 극복하는 것도 대안이 될 수 있을 것이다.
- RCE도 그 성과를 평가하고 평가결과를 피드백해야 할 것이다. 이때 RCE를 통한 성과에 대한 평가를 공동으로 주관하여 이를 통한 협력의 강화도 효과적일 것으로 생각된다.

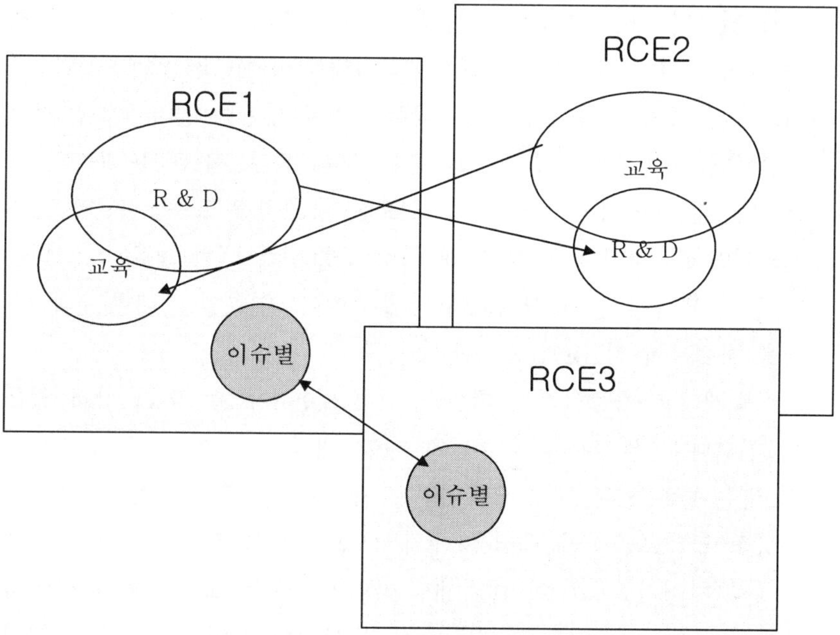

〈그림 3〉 RCE의 협력 관계

Ⅴ. 종합 및 제언

본 연구는 지속가능발전교육에 대한 유엔과 한, 중, 일 동북아 3국 중심의 ESD추진현황을 분석하고 성공적인 교육 목표의 달성을 위한 파트너 간 또는 지역협력의 방안을 제시하고자 하였다.

먼저 지속가능발전교육 분야의 추진현황을 분석하여 다음과 같은 문제점을 도출하였고, 그 해결책을 다음과 같이 제언하고자 한다.

첫째, 지속가능발전교육에 대한 사회의 낮은 인식의 문제이다.

지속가능발전교육이 구체적으로 실행되지 못한 이유에는 여러 가지가 있으나 가장 중요한 요인이 "지속가능발전" 개념에 대한 이해와 인식이 낮기 때문이다. 이는 우리나라뿐만 아니라 일본과 중국에서도 마찬가지 상황이다. 이를 극복하기 위해서는 일차적으로 정책입안자와 교육하는 사람과 교육받는 사람 모두 이 분야 교육의 필요성에 대한 인식이 확산될 수 있도록 홍보하고 교육하는 일이 우선되어야 할 것이다. 이를 위해 우선 공무원에 대한 교육, 교사연수를 통한 교육이 먼저 실시되어야 할 것이고 일반인을 위한 홍보 전략을 마련해야 할 것이다.

이렇게 지속가능발전에 대한 인식이 낮은 이유는 여러 가지 있을 수 있으나 우선 지속가능발전에 대한 개념이 추상적이고 포괄적이기 때문으로 생각한다. 교육이라는 구체적인 활동을 이끌어내는데 추상적이고 포괄적인 개념은 구체적으로 정의되지 않는 한 개념해석에서 차이가 나고 이러한 개념인식의 차이는 교육내용의 차이를 수반하게 된다. 그러므로 개념에 대한 사회적 합의나 구체적인 개념 정의가 선행되어야 이로부터의 교육의 방향과 내용을 설정할 수 있을 것이다.

둘째, 지속가능발전교육을 추진하는 제도적 기반이 없다는 점이다.

우리나라의 경우 지속가능발전교육을 추진하는 정부 내의 추진주체가 없다는 것이다. 일본의 경우에는 내각부에 추진주체를 두고 있고 중국의 경우에는 환경부 아래 지속가능발전교육을 담당하고 있다. 우리나라의 경우에는 대통령자문지속가능발전위원회(PCSD)가 있으나 이는 정책자문에 대한 역할을 수행하는데 머물고 있으며 구체적인 실행부처로서의 역할을 하지 못한다는 점이다. 그래서 구체적인 이행을 능력을 갖기 위해서는 범부처적인 성격을 갖는 관련부처의 협의체를 구성하여 지속가능발전교육을 추진하는 것이 필요할 것이다.

셋째, 지속가능발전교육이 환경교육인가에 대한 문제이다.

"지속가능발전"이라는 용어가 1987년 공식적으로 사용된 이래 20여년이 지났지만 아직도 일반인이나 전문가집단 모두 이 개념에 대한 정의와 해석이 다양하고 변화하고 있는 개념진화의 상태에 있다고 볼 수 있다. 이 개념의 초기도입시기에서는 환경용량 안에서의 발전으로 정의되었으나 최근에 올수록 그 개념은 폭넓게 해석되고 있으나 교사나 학생 모두 지속가능발전교육을 환경교육과 동일시하고 이러한 점은 지속가능발전의 교육내용과 범위를 제한하게 된다. 이것은 한국뿐만 아니라 일본과 중국의 경우도 유사하지만 일본의 경우에는 지속가능발전교육에 대하여 평화와 인권 등 좀 더 폭넓은 해석을 하고 있다. 이러한 지속가능발전교육의 범위에 대한 문제는 기존의 관련부처나 단체들과의 협의에 의해 반영될 수 있을 것이다. 그래서 앞서 제안한 지속가능발전교육 협의체에 이러한 다양한 분야가 참여할 수 있도록 홍보하는 노력이 필요할 것이다.

넷째, 지속가능발전과 교육에 대한 연구 분야가 활성화되어 있지 않다.

현재지속가능발전교육은 학제적이고 범교과적인 성격을 띠기 때문에 이에 대한 연구가 사각지대에 있어 활성화되어 있지 않다. 그러므로 이를 활성화 할 수 있는 연구원이나 대학의 연구능력을 향상시킬 수 있는 안이 마련되어야 할 것이다.

다섯째, 지속가능발전교육은 다양한 파트너십의 참여를 강조하는데 이러한 참여가 실질적 교육으로 이어지지 못한다는 점이다. 이를 위해 형식교육과 비형식/무형식 교육이 연계될 수 있는 방안이 마련되어야 할 것이다. 이를 위해서 먼저 형식교육에서는 비형식/무형식 교육기관과의 협력을 먼저 시도해야 할 것이고, 사회적으로는 다양한 형태의 비형식/무형식 교육프로그램을 개발하고 운영할 수 있도록 지원해야 할 것이다.

여섯째, 지속가능발전교육을 위한 한, 중, 일 협력에 있어서는 현재 지속가능발전교육이라는 측면으로 다양한 파트너들의 참여가 실질적으로 일어나지 못하다는 점이다. 환경 분야뿐만 아니라 사회, 복지, 경제, 문화 등 다양한 분야의 전문가들을 활용할 수 있는 방안을 마련하는 것이 필요하다. 이를 위해서 국제협력에 있어서도 지속가능발전교육이라는 패러다임 속에서 기존의 다양한 이해당사자들과 단체들이 참여할 수 있는 다층적 구조의 협력을 이끌어 나가는 것이 필요할 것이다. 이를 위해 우선 관련 단체나 전문가들의 정보를 구축하고 이를 지속가능발전이라는 패러다임으로 끌어들이는 홍보 전략이 필요할 것이다.

【참고문헌】

김재범(1997), 환경 교육 정보 네트워크의 현황과 발전 방안. 환경교육 1. 10-21.

김현진.2002. 지속가능한발전의 개념적 고찰. 외법논집 12. 195-230.

김형철. 1992. "환경문제의 세계화 주체와 공공재" 「사회비평」7.

나민성. 1993. "국제환경레짐에 관한 연구: 그 형성과정과 전망을 중심으로." 고려대학교 대학원 정치외교학과 석사논문.

남상준, 김대성, 김두련, 이상복, 한세일(1999), 환경교육의 원리와 실제, 원미사.

대통령자문 지속가능발전위원회(PCSD). 2005. 지속가능발전교육 활성화 방안. 지속위 자료집 2005-27

대통령자문 지속가능발전위원회(PCSD). 2005. 유엔 지속가능발전교육10년을 위한 국가추진전략 개발 연구.

성정희 (2002) 대학 교양환경 교육자료의 개발과 적용에 관한 연구. 환경교육학회지 15(1). 1-17.

신연재, 정준금, 유종선(1999) 동북아 환경문제와 지역환경협력의 모색. 집문당

선우영준(1998). 지속가능한발전의 본질과 환경윤리(Ⅰ)

이홍근. 2000. 지속가능한 발전개념에 대한 비판: 열린 체계와 닫힌 체계, 한국사회학 34. 807-831.

장원석. 2002. 환경의 이념과 현대민주주의. 환경정책. 10(4). 5-25

통영RCE 추진위원회. 2005. 지속가능발전(SD)을 위한 지역전문센터(RCE) 설립에 관한 연구. 통영시 연구용역보고서.

환경부. 2002. 국가 지속가능발전을 위한 환경교육 추진전략 개발연구.

환경부. 2004. 주요 외국의 환경교육 비교 연구.

Agyeman, J and Evans, B (1995) 'Sustainability and Democracy: Community Participation in Local Agenda 21'. Local Government Policy Making. Vol 22 No 2 pp.35～40

Chiras, D. D. 1998. Environmental Science: a systems approach to sustainable development (5th ed.), Wadsworth Publishing Company, USA.

McKeown Rosalyn. 2002. Education for Sustainable Development Toolkit. http://www.esdtoolkit.org

Nicolaas P du Preez; Maryna Mohr-Swart. An integrated approach to environmental education: a case study. *International Journal of Sustainability in Higher Education;* 2004; 5, 1; Academic Research Library pg. 11

OECD. 2001. 「International science and technology co-operation : towards sustainable development : proceedings of the OECD Seoul Conference, November 2000 / Organisation for Economic Co-operation and Development.」. Paris : OECD.

OECD. 2002. Sustainable Development Strategies: A Resource Book. Paris : OECD.

OECD. 2002. Governance for Sustainable Development: Five OECD case studies . Paris : OECD.

Ryokichi HIRONO, 2005. "Promoting sustainable development in the era of globalisation: A Japanese Perspective" International symposium on sustainable development. The strategy and Governance for sustainable development in Northeast Asia. at Seoul, Korea.

UNESCO Asia and Pacific Regional Bureau for Education. 2005. A situational analysis of education for sustainable development in the Asia-Pacific Region.

UNESCO. 2002. Education for Sustainability From Rio to Johannesburg: Lessons learnt from a decade of commitment.

UNESCO Education Sector. 2005. Guidelines and Recommendations for Reorienting Teacher Education to Address Sustainability. UNESCO Education for Sustainable Development in Action. Technical Paper N° 2 - 2005

UNU-IAS. 2005. Mobilising for education for sustainable development: Towards a global learning space based on regional centers of expertise.

Wang Qi. 2005. "Sustainable Development of china: Perspective, Situation, and strategy" International symposium on sustainable development.

The strategy and Governance for sustainable development in Northeast Asia. at Seoul, Korea.

http://www.eco-schools.org

http://www.greenschools.com.cn

http://www.chinaeol.net

http://www.greenschools.com.cn/greenschools/huodong/gjyth/index_en.htm

http://www.zhb.gov.cn/english/chanel-1/education.php3?start

http://www.rossmoyne.wa.edu.au/archives/2002/china2002/china2002.htm

http://www.pcsd.go.kr

동아시아 국가간 여성정치 네트워크

최 정 원 | 연세대학교 동서문제연구원 연구교수 |

Ⅰ. 서 론

20세기 후반부터 여성의 정치참여가 세계적인 화두로 대두되고 있다. 남성과 여성의 동등한 참여가 없이는 여성의 고유한 정치정향을 반영할 수 없으며, 여성인력 자원을 배제하고서는 경쟁력을 갖을 수도, 시민사회의 보편성을 확보할 수도 없으므로 진정한 민주주의가 불가능하기 때문이다. 그러나 그 동안 여성은 인구의 절반을 차지하는 다수 집단임에도 불구하고 가장 큰 정치적 배제집단이었고 권력에서도 제외되어 왔다. 민주주의가 모든 시민들의 진정한 참여와 대표성을 전제한다고 볼 때, 이러한 현실은 민주주의의 치명적인 결점이라 하지 않을 수 없다.

그동안 세계 각국은 여성의 지위 향상을 위한 법, 제도적 장치들을 상당 수준 체계화함으로써 여성이 하나의 중요한 정치참여 세력으로 부상할 수 있는 발판을 마련해 왔다. 그러나 동서양을 막론하고 아직도 많은 국가에서 여성의 정치적 대표성을 제대로 이룬 곳은 없다. 설사 제도적으로 보장되어 있는 국가라 할지라도 실제로는 여성의 정치참여가 지극히 미약하고 그에 대한 인식도 부족해서 법·제도와 현실 사이에는 여전히 큰 괴리가 존재하고 있다.

다양한 여성문제와 여성의 저대표성을 탈피하고 제도들을 제대로 운영하기 위해서는 지속적인 노력이 필요하다. 근본적으로 여성의 정치세력화를 통한 정치참여가 확대되어야 하며, 그 수준도 광범위한 영역에서 주도적인 정치 참여가 이루어질 수 있을 정도로 성장하여야 할 것이다. 문제는 여성의 낮은 정치참여가 더 이상 한 국가만의 문제로 머무르지 않으며, 이를 해결하기 위한 노력들 역시 한 국가내의 노력만으로는 쉽지 않다는 것이다. 세계화, 정보화 시대 속에서 국가간 상호연관성이 점점 더 확대됨에 따라 여성문제도 국내 차원에 한정되는 것이 아니라 국제적인 차원의 문제로 상승되고 있기 때문이다.

지난 수십 년 동안 여성 이슈가 점점 더 초국적 이슈로 전환됨에 따라, 국가 내 활동 뿐만 아니라 국가 간 활동을 통해 여성 정치참여에 관한 공동의 전략을 모색하는 시도가 지속적으로 증가하고 있다. 예컨대, 여성문제에 관한 UN의 활동을 비롯하여 국가마다 정부 및 비정부 차원에서 국가간 연대 활동을 통하여 여성문제의 해결과 여성의 정치참여의 확대를 강화하려는 경향이 그것이다. 이러한 국가간 여성정치 네트워크는 개별 국가를 넘어선 여성 연대라는 점에서 공동의 여성이슈를 세계적으로 확산시킬 수 있으며, 여성정책의 변화를 주도할 수 있다. 또한 각 국가의 여성정책을 평가하고 전략을 비교·협의하는 가운데 여성의 정치세력화가 강화되기 때문에 여성정치 참여를 촉진시키는 역할이 가능하다.

한국을 비롯하여 여성의 정치참여가 상대적으로 낮은 동아시아 국가들에서도 여성의 정치참여 증진을 위한 노력이 활성화되면서 다양한 국가간 여성정치 네트워크가 형성되고 있다. 동아시아 국가들은 역사적, 문화적 배경과 관습이 다양함에도 불구하고, 북미나 유럽에 비하여 여성 인구수가 많다는 점, 여성의 사회경제적 지위가 낮은 점, 경제성장 이후 고학력 여성들이 증가함에도 대부분의 여성들이 정치로부터 소외되어 왔다는 점 등을 공통적으로 갖고 있다. 따라서 함께 성장하기 위한 전략개발과 단합이 강조될 뿐만 아니라 그만큼 국가간 여성정치 네트워크의 형성이 강하게 요구되는 지역이다.

이러한 맥락에서 본 연구는 그동안 동아시아 지역 여성의 정치참여에 영향을 미친 국가간 여성정치 네트워크의 실태를 살펴보고자 한다. 보다 구체적으로는 세계화 속에서의 여성정치 네트워크를 중심으로 동아시아 국가 간에 형성되어 있는 다양한 여성정치 네트워크와 이들의 활동을 살펴보고 동아시아 여성정치 네트워크의 활성화 방안을 모색해 본다.

Ⅱ. 글로벌 거버넌스와 여성정치 네트워크

현대 사회는 국가간 연계나 협력 없이 자국의 힘만으로 해결 가능한 문제들이 점점 축소되고 있는 세계화의 시대이다. 기존에는 국가 차원에서 다루어지던 정책들이 이제는 국가간 차원에서 다루어지고 있으며, 글로벌 거버넌스와 글로벌 네트워크가 강조되고 있다. 글로벌 거버넌스란 정부 중심의 공적 조직과 사적 조직의 경계가 무너지면서 나타난 새로운 상호 협력적인 조정 양식으로(Stoker

1998; 김양희 2003, 22), 초국가적 이슈에 대한 공동 대응을 목적으로 국가간 협력기구에서부터 정부 이외의 다양한 사회적 행위자들까지 참여 영역을 넓히고 있다.(Smouts 1998, 82)

글로벌 거버넌스의 중요한 특징 중 하나는 네트워크의 역할이다.(Goss 2001, 8; Peter 2000) 네트워크는 '공동의 목적 달성을 위한 자원과 기술을 부분적으로 통제하는 독립적 집단들을 연계하는, 느슨하게 구조화된 중재 양식'이다.(EU 2001, 3) 이러한 네트워크는 거버넌스 작동을 위한 구체적인 메카니즘의 역할과 함께 행위자들에게 관계의 지속성과 안정성을 부여한다. 정책결정 과정이 점점 더 정부와 비정부간 복합적인 상호작용에 의해 이루어지면서 공·사 행위자간 네트워크는 다수의 정책결정을 이해하는데 중요한 요소가 되었다.(Katzenstein 1978; Jordan 1981) 게다가 네트워크는 공공 정책의 결정이나 시행과정에 참여하는 여러 집단들 사이의 파트너십을 증진하는 장치로서 역할이 커지고 있다.(김양희 2003, 23) 세계화 시대에 글로벌 네트워크의 역할과 영향력이 강화되는 것은 당연한 현상이라 할 것이다.

한편, 여성정치 네트워크란 '여성정치 및 정책에 관련된 쟁점에 관하여 부문과 영역을 초월하여 정책에 참여하고 협력하는 기제'라고 할 수 있다. 여성정치 네트워크는 무엇보다 정부, 공공부문, 민간부문 사이의 협력과 상호 이해를 증진함으로써 성별격차 현상을 해소하고 사회 전반적으로 여성문제를 해결하고자 한다. 또한 여기에는 성별격차 현상을 문제로 인식하고 해결하려는 '젠더 의식(성인지적 시각)의 확산'이 포함된다.(김재인 · 임미영 2004, 372) 여성의 발전과 향상을 추구하도록 다양한 기회를 제공하고 여성문제에 대해 정부와 NGO간 파트너십으로 연계되는 젠더 거버넌스에서도 여성정치 네트워크의 역할은 강화되고 있는 것이다.

여성의 정치사회적 참여가 확대되고는 있지만 여전히 제한된 분야에, 제한된 위치에만 진입하고 있는 현 상황에서 세계화는 여성에게 부정적으로 작용하는 경향이 강하다. 왜냐하면 세계화 경향의 중심을 이루고 있는 신자유주의적 조류는 이전에는 국가 정책으로 시행되던 가정 복지에서의 역할과 돌보기를 보상없이 여성에게 떠맡기는 경향이 강하기 때문이다.(Tickner 2001, 6-7) 그럼에도 불구하고 세계화는 다른 한편으로 국가간 여성정치 네트워크 또는 여성 협력을 제공함으로써 여성의 정치참여 및 여성정책의 확대를 강화하는 기제로 작용하기도 한다.(황영주 2006, 328) 맥키(Vera Mackie)는 여성 참정권 운동이 국제적 연대를 기반으로 발전하였고, YWCA와 같은 여성운동이 전세계에 걸친 여성적 연대를 만들어냈다고 주장하면서 '여성운동은 그 초기부터, 다른 국가 사이의 여성적 연대를 바탕으로 발전해 왔다'고 설명한다.(Mackie 2001, 180; 황영주 2006, 329)

세계화 속에서 국가간 여성정치 네트워크는 여성의 '닮음(similarity)'과 '상호중첩성'으로 인해 필요하다.[1]) 여성들의 삶은 상호 중첩되어 있으며 지역에 상관없이 공통적 유사성을 갖고 있다. 이러한 점은 국제적 상호관련성에 대하여 인지하고 개선하려는 초국가적 여성연대의 단초를 제공함으로써 국가간 여성정치 네트워크의 기반을 형성한다.(황영주 2006, 330)

각 국가의 여성정책이 수사학에 머물고 책임을 담보하는 기제가 부족한 점도 국가간 여성정치 네트워크가 필요한 이유이다.(김양희 2003, 21) 모저(C.O.N. Moser)는 이를 여성정책의 '상징성'으로 설명하는데, 여성정책을 진정으로 시행할 의도는 없으면서 정치적 목적으로 쉽게 만들어내기 때문에 여성정책이 종종 추상적이고 구체성

1) 여성의 '닮음(similarity)'과 '상호중첩성'에 관련된 논의는 Mackie(2001)를 참고할 것.

이 부족하다는 것이다.(Moser 1993, 149) 따라서 정책형성과정의 민주성과 책임성을 담보하면서 보다 효율적으로 여성정책을 추진하기 위해서는 사회집단 및 이해당사자들과의 파트너십 접근을 강화하고 국가간 여성정치 네트워크를 활성화할 필요가 있다.(김양희 2003, 22) 국가간 공식적, 비공식적 네트워크의 형성은 여성 이슈와 여성 정책에 대한 세계적 공감대를 형성함으로써 각 국가의 여성정책에 영향력을 행사할 수 있기 때문이다.

여성정치 네트워크의 활동은 '실질적 젠더 권익(practical gender interests)'과 '전략적 젠더 권익(strategic gender interests)'의 향상을 위해서도 필요하다.(Molyneux, 233) 실질적 젠더 권익은 작업장에서의 저임금, 불충분한 사회복지 및 성희롱 등과 같이 생활에서 부딪히는 직접적·현실적인 문제들과 관련된 것이다.(Peterson and Runyan 1999, 177) 그런데 실질적 젠더 권익을 위한 네트워크의 활동은 여성들로 하여금, 현실적 문제점을 극복하기 위해서는 거시 구조, 또는 이를 유지하는 담론과 기제들이 변화하지 않으면 불가능함을 인식하도록 한다. 전략적 젠더 권익은 이처럼 성차별 극복과 같은 보다 일반적인 이슈에서 출발하여, 양성평등을 이루기 위한 체제 변화, 전략 및 목표의 형성 등을 포함한다. 이렇게 볼 때 여성정치 네트워크의 출발은 실질적 젠더 권익, 즉, 자신들의 직접적 삶과 그 곳에서 느끼는 부조리라는 자신의 경험과 지역성에서 출발하지만, 여성정치 네트워크의 진행은 자신의 개인적 경험으로부터 공유하는 여성의 경험으로 즉, 전략적 젠더 권익의 보장으로 전환되는 것이다.(황영주 2006, 332)

지역적이든 세계적이든 여성정치 네트워크는 여성이 안고 있는 공통의 문제점을 해결하기 위한 활동이다. 이렇게 볼 때 여성정치 네트워크는 글로벌 시대에 여성정치 영역을 확대시켜 나갈 수 있다.

국가간 여성정치 네트워크의 원활한 작동은 다양하지만 공동의 여성 이슈들이 선택되게 함으로서 국내 및 국가간 여성정치의 발전에 긍정적인 영향을 미친다. 또한 시민사회의 의견조정 수렴 등을 통해 민주주의 및 여성정치를 향상시킴으로써 젠더 거버넌스를 구체화하는데 기여한다.

Ⅲ. 동아시아 국가간 여성정치 네트워크의 실태

여성정치 네트워크는 다양한 영역을 포함하고 있다. 유형적으로는 여성 NGO연대 포럼에서부터, NGO, 정부기관 및 국제기구에서 만들어내는 각종 여성대회에 이르기까지, 그리고 무형적으로는 문화적 공동제작물과 같은 다양한 여성 연대 및 국제교류, 여성 NGO간의 자매결연, 여성 관련 문화교류, 인력파견 및 여성 관련 국제대화 참여 등이 여성정치 네트워크에 포함될 수 있다.(Mackie 2001, 191-192) 그 중 공식적으로 이루어지는 정부간 여성정치 네트워크는 대부분 UN이나 국제기구를 중심으로 형성되어 왔으며, 민간 차원에서 이루어지는 여성정치 네트워크 역시 UN을 중심으로 하거나, 정부간 여성정치 네트워크와 병행하여 이루어지는 경우가 많았다.

1. 정부간 여성정치 네트워크

1) 유엔 여성지위위원회 회의(The Commission on the Status of Women; CSW)

유엔 여성지위원회는 1946년 민주적 원칙에 입각하여 유엔 경제사회이사회 산하의 기능위원회로 설치된 기구로, 각 국의 정부 대표로 구성된 유엔의 국제기구 중 하나이다. '유엔 여성총회'로도 불리는 유엔 여성지위위원회는 설립 이후 여성차별 철폐협약[2)]을 비롯한 여성관련 국제협약을 제정하고 이행여부를 감시·감독하는 등, 남녀 평등권 실현을 위하여 활동함으로써 여성발전을 위한 정부간 역할의 중심체 역할을 하고 있다. 한국은 1986년에서 1993년까지 옵저버로 참가하다가, 유엔에 가입한 후 1994년부터 4년 임기의 위원국으로 선임되었으며, 이후 3차례 연임되어 2006년까지 위원국으로 활동하였다.[3)] 특히, 2002년과 2003년에는 부의장국으로 활동하였고, 2004년과 2005년에는 의장국으로 선임되어 활동하였다.

유엔 여성지위위원회는 여성 문제를 전담하면서 여성과 관련된 국제적 자료를 수집하고 전문적 보고서를 작성하며 여성과 아동에 관한 협정이나 협약을 기안한다. 또한 국제적 아젠다에서 여성이슈들이 채택되고 유엔의 공식정책으로 되도록 하는 중요한 업무를 수행하였다. 위원회의 보고서와 선언은 비록 법적 강제력은 없지만, 각 국 여성정책 평가의 국제적 기준이자 여성운동의 과제가 되는 만큼 정부는 물론 비정부기구에도 영향력을 행사한다. 그러나 또 한편으로는 여성 지위의 향상을 위한 위원회의 성과는 제한적일 수밖에 없다. 재정 및 인적 자원의 부족과 정치적 영향력의 한계라는 어려움뿐만 아니라 여성 문제에 관심이 없는 국가들은 각 국 대표에

---

2) 유엔 여성차별철폐협약의 정식 이름은 '여성에 대한 모든 형태의 차별 철폐 협약(Convention on the Elimination of All Forms of Discrimination against Women; CEDAW)'이다. 이 협약은 여성에 대한 차별을 "정치적, 경제적, 사회적, 문화적, 시민적 또는 기타 모든 분야에 있어서 혼인여부와 관계없이 남녀동등의 기초 위에서 인권과 기본적 자유를 인식, 향유 또는 행사하는 것을 저해하거나 무효화하는 효과 또는 목적을 가지는 성에 근거한 모든 구별, 배제 또는 제한을 의미한다"고 정의하고 국제문서 사상 가장 다양한 영역에서 국가가 취해야 할 남녀평등조치 및 여성의 권리 개념을 광범위하게 규정하고 있다.

3) 유엔 여성지위위원회는 경제사회이사회가 선출하는 45명의 회원국으로 구성되어 있으며, 임기는 4년이다. 지역별 회원 배분은 아프리카 13개국, 아시아 11개국, 동유럽 4개국, 라틴아메리카·카리브 9개국, 서구 8개국이다.

의해 결정된 여성지위위원회의 정책결정을 수용하지 않기 때문에 위원회의 활동은 제약을 받는다.

유엔 여성지위위원회의 활동은 크게 5시기로 나누어 볼 수 있다.[4] 제1기는 1945년부터 1962년까지로 평등을 위한 법 · 제도적 기반을 확보한 시기이다. 정치영역에서의 여성의 동등한 참여를 위해서는 우선 법 · 제도적 기반이 확립되어야 한다는 인식하에 여성의 권리를 향상시킬 수 있는 법의 제정과 확산에 위원회의 역할을 강화하였다. 1952년 총회에서 채택된 '여성의 정치적 권리 협약'은 전 세계적으로 여성의 정치적 권리를 인식하고 보호하는데 목적을 둔 첫 번째 국제법이다.(Document 26; 한국여성개발원 1997, 15)

1963년부터 1975년까지의 제2기에는 발전에서 여성의 역할(Women in Development: WID)을 인식하는데 초점을 맞추었다. WID전략은 개발도상국의 경제개발 과정에서 소외되어온 여성의 역할에 주목하여 모든 사회개발에서 여성의 참여가 필수적일 뿐만 아니라 개발은 궁극적으로 여성의 지위향상에 기여해야 한다는 원칙이다. 이는 곧 1960년대의 서구중심적 시각에서 벗어나 위원회의 활동이 비서구국가 여성들의 문제를 다루게 되었음을 의미한다. 또한 실질적으로 여성의 평등권 확보가 중요하다는 합의 속에서 식량지원, 보건 및 영양상태 개선조치, 가족계획, 소득 창출 등 위로부터의 공식적 조치를 통해서 실질적 젠더 권익을 위한 정책을 추구하며, 여성의 정치적 권리에 부합하는 조치에 초점을 맞추고 있다.(Weeda 1987) 특히, 세계적으로 여성차별 제거를 위한 관심을 고무시키기 위해 '세계여성의 해(1975)'를 제정하고 세계여성대회를 개최하는 등 여성의 지위향상 운동을 전세계적으로 확산시켰다.

---

4) 유엔 여성지위원회 활동에 대한 시기 구분은 유엔 여성지위원회의 "Short History of the Commission on the Status of Women" (http://www.un.org/womenwatch/daw/CSW60YRS/CSWbriefhistory.pdf)를 참조할 것.

제3기는 1976년부터 1985년까지이다. 유엔 여성지위위원회는 이 기간을 평등 · 발전 · 평화를 위한 '유엔여성 10년'으로 정하고, 코펜하겐 세계회의(1980년), 나이로비 세계회의(1985년)를 개최하였다. 또한 여성의 지위향상을 위해 여성차별철폐협약(1979년)을 채택하고 각 국가가 조인하도록 하여 여성문제를 세계적 관심사로 이끌어냈으며 여성의 시급한 관심영역으로 고용, 건강, 교육을 상정하고 복지와 효율성을 강조한 연구를 진행하였다.(Moser 1993) 이 시기는 1975년 회의에서 작성된 세계행동강령의 이행을 통해 효과적이고 지속적인 발전에 기여한 기간으로 평가된다.(한국여성개발원 1997, 26)

1986년부터 1995년까지의 제4기의 목표는 평등, 발전, 평화 지향이다. 평화의 노력으로 위원회는 인권위원회 특별보고관의 임명 및 보고를 통하여 성폭력, 인신매매, 군위안부 문제 등 여성에 대한 폭력 문제에 대해 세계적 여론을 환기시켰다.(한국여성개발원 1997, 9) 여성개발의 새로운 전략으로 채택된 '여성과 발전(Gender And Development; GAD)'은 여성과 남성간의 관계에 초점을 둔 통합적 접근으로 여성의 개발과정에서의 통합과 불평등한 성별관계의 변화를 추구한다. 이에 더하여 1995년 북경 여성대회에서는 남녀평등이라는 궁극적 목표를 이루기 위한 전략으로 성주류화(Gender Mainstreaming) 개념을 채택하였다. 성주류화란 양성 평등을 실현하기 위한 전략으로 성인지적인 관점을 부가적으로 고려하는 것이 아니라 정책의 목표와 전략, 자원배분에 영향을 미칠 수 있도록 모든 분야에서 초기 기획 단계부터 개입하는 것이다.(김경희 2005, 3) 특히, 유엔은 지역적 편견 없이 정책 및 의사 결정직을 포함하여 35%까지 여성의 고용을 확보하고 주류화를 강화하는 제반조치를 취할 것을 촉구하고 있다.(변화순외 1998, 69)

제 5기라 할 수 있는 1996년 이후는 여성발전의 공고화 시기라고 할 수 있다. 양성평등을 위한 유엔 여성지위위원회의 노력이 계속되어 2000년에는 '여성2000: 21세기를 위한 성평등, 발전, 평화'를 주제로 북경행동강령의 이행 정도와 21세기의 여성의 지위 향상에 관하여 논의하였다.[5] 2005년에는 '북경+10'이라는 주제로 북경행동강령 이행을 통한 각 국의 여성정책 수준을 점검, 평가하였다. 양성평등을 위한 제도적 장치에 대한 국제 사회의 관심을 강조하였으며, 각 국이 지켜야 할 북경행동강령의 정책 가이드라인을 재강조하였다. 이 시기는 위원회의 요구안과 여성정책의 방향 정립이 이전 시기에 비하여 현상유지에 그치고, 미래의 비전 제시가 부족하다는 지적도 있으나, 다른 한편으로는 그동안 제시되었던 계획들이 이행되어 실질적인 성과를 보이기 시작하는 시기라고도 할 수 있다. 특히 동아시아 지역은 여성참여에 대한 관심이 확산됨으로써 성인지적 여성정책의 도입과 증가가 이루어졌고, 여성의 정치참여가 확대되었다. 또한 한국은 여성할당제 도입 등에 힘입어 여성의원 비율이 많이 개선되었다.

2) UN 세계여성회의

1975년 멕시코에서 제1차 유엔 세계여성회의가 개최된 이후 네 차례에 걸쳐 열린 세계여성회의는 여성운동의 국제적 연대를 강화시키는 계기가 되었고, 개발에서의 여성문제를 제기할 수 있는 장을 마련해 주었다.(Chen 1996, 139) 한국은 제2차 세계여성회의까지는 비공식적 민간대표들이 정부를 대표하여 참여하였고, 제3차 세계여

---

5) 유엔 총회의 특별세션이었던 이 회의는 비공식적으로 '북경+5'로 불린다. 공식적으로는 북경행동강령이 5년동안 얼마나 지켜졌는지를 확인하는 자리였고, 비공식적으로는 이 기회를 통해 다시 한번 성평등, 성폭력, 여성과 빈곤 문제에 대한 일반인의 주목을 끌기 위한 회의였다.(이정옥 2005, 29)

성회의에서야 정부의 공식대표들이 옵져버의 자격으로 참가하였다. 1991년 한국의 UN가입 이후 1995년 제4차 세계여성회의에는 공식적인 정부대표들이 정식으로 참가하였다.

(1) 제1차 세계여성회의: 멕시코시티, 멕시코

UN은 1975년을 유엔여성의 해로 선포하고 '평등, 개발, 평화'의 주제로 세계여성회의를 멕시코에서 개최하였다. 여기서 평등이란 인간으로서 남녀의 존엄 및 가치의 평등, 남녀의 권리, 기회, 책임의 평등을 의미하고(한국여성개발원 1986, 16) 개발의 궁극적인 목적은 모든 인간이 질적으로 향상된 생활을 누리는 것이며, 이는 경제적, 물질적 자원의 개발에 그치지 않고 인간의 육체적, 도덕적, 지적, 문화적 성장을 의미한다.(한국여성개발원 1986, 18) 이러한 배경 속에서 멕시코 회의의 행동강령은 정치참여, 건강, 교육, 고용, 직업 훈련 등에서의 여성의 관심사와 여성 문제에 집중되었고(Peitila and Vickers 1994, 76) 개발도상국의 여성개발을 위한 사업은 주로 보건, 영양, 가족계획, 식수, 소득창출 등과 같이 여성들의 실질적인 요구의 부응에 초점이 두어졌다.(라미경 2002, 35) 그러나 이것은 남성과 여성간의 불평등한 성별 관계를 개선하기보다는 여성의 전통적인 성역할을 수용하고 이를 통해 보다 효과적인 성과를 이루려는 것이었기 때문에 여성의 차별적인 상황을 개선하는데 한계가 있었으며, '백화점식 나열'이라는 비난을 받기도 했다.(Jahan 1975, 39)

(2) 제2차 세계여성회의: 코펜하겐, 덴마크

1980년 유엔 여성개발 10년 사업의 중간 점검을 위해 개최된 코펜하겐 세계여성회의는 멕시코에 비해 훨씬 규모가 크고 참가자 수도 증가하였다. '유엔여성 10년'의 중간 시점에 열린 제2차 세계여성회의는 멕시코회의 행동계획의 이행과정에서 나타난 문제와 성과를 검토하고 계획을 수정하는데 목적을 두고 있다. 특히, 개발속의 여성(WID) 접근방법이 여성들의 삶은 남성과의 관계에 의해 형성되는 것임에도 불구하고 여성에 대해서만 초점을 둔 점, 공적영역과 비전통적 고용분야에서의 여성들의 평등전략을 강조함으로써 사적영역의 여성들의 삶이 간과되었던 점, 빈곤에 대한 강조가 성불평등 구조를 심화하는 의도하지 않은 효과를 가져왔다는 점 등을 지적하고 있다.(라미경 2002, 37)

이에 따라 제2차 세계여성회의에서는 여성이 책임있는 주체로서 개발에 참여하는 기회의 평등이 평등 개념에 추가되었다.(한국여성개발원 1986, 72) 또한 여성의 교육 · 건강 · 고용이라는 부제 속에서 적절한 건강 대책과 교육시설 확보를 통해 남성과 평등한 자격으로 경제활동과 고용기회를 증진시키고 개발과정에 여성을 참여시키기 위한 행동지향적 계획을 수립할 것을 권고하였다.(Chen 1996, 140-141)

(3) 제3차 세계여성회의: 나이로비, 케냐

1985년 나이로비에서 개최된 세계여성회의는 157개 국가에서 2,000여명의 대표자들과 유엔에서 협의 자격[6])을 얻은 수백 개의

6) 유엔 경제사회이사회의 협의자격은 카테고리 1:포괄적 협의지위, 카테고리 2: 특정분야 협의지위, 카테고리 3: 명의등재의 3가지 종류로 구분된다. 1. 포괄적 협의지위(General Consultative Status)를 갖는 NGO들은 경제사회이사회가 다루는 대부분의 분야와 ECOSOC 및 산하위원회 회의에 참석, 질의, 결의문 제출 등 명실상부한 공식 자문기관으로서의 역할을 수행할 수 있다. 2. 특정분야 협의지위(Special Consultative Status)를 갖는 NGO는 ECOSOC가 다루는 특정분야에 한해서만 의제를 제안할 수 있다. 즉, ECOSOC 및 관련분야 전문기구 활동에 참여할 수 있으며 서면 혹은 구두로 발언이 가능하다. 3. 명의등재(Roster Status)는 ECOSOC와 그 산하기구 및 여타 유엔 활동에 간헐적인 관심을 갖는 NGO들이며, 비정기적으로 유엔 회의에 참석하거나 문서로 된 의견을 보낼 수 있다. (UN ECOSOC, *Work of the Non-Governmental Organizations Section of the Secretarial: Report of*

NGO들이 참여함으로써 멕시코 세계여성회의의 배가 되는 규모를 형성하였다. 이 회의에서 유엔 여성개발 10년 사업의 점검과 여성발전을 위한 미래 전략이 중점적으로 논의됨으로써 이전 회의에서는 정치적 차이로 합의가 어려웠던 여성의 발전을 위한 미래전략이 나이로비 회의에서 만장일치로 채택되었다. 나이로비 미래전략은 여성을 과거와는 달리 지식인, 정책결정가, 기획자, 개발에의 공헌자이자 수혜자로 정의하고 있는데, 이는 여성을 대상이 아닌 주체로 간주하는 획기적인 표현이었다. 또한 이 시기에 국가간 비정부 여성정치 네트워크가 출현하여 제3세계 여성의 지위와 권리에 대한 노력이 확대되었다.

(4) 제4차 세계여성회의: 북경, 중국

유엔 50주년을 기념하여 1995년 9월 북경에서 개최된 제4차 세계여성회의는 정부와 비정부기구 대표자들이 모인 회의 중에서 최대의 규모였다. 여성발전을 위한 노력은 멕시코 세계여성회의 이후 유엔 여성개발 10년 동안 확장되었고, 1992년에 열린 리오 환경회의, 1993년의 비엔나 세계인권회의, 1994년 카이로 인구개발회의를 통하여 강화되었다. 북경 제4차 세계여성회의에서는 189개국의 참가 대표들이 여성발전을 위한 북경행동강령을 채택하기에 이르렀다. 이 행동강령은 12개의 주요 관심 분야를 설정하여 양성평등을 이루기 위한 목표, 전략, 행동을 규명하고 있다. 논의된 내용에는 ①빈곤의 여성화, ②여성의 교육과 훈련, ③불평등한 보건서비스, ④여성에 대한 폭력, ⑤여성과 무력분쟁, ⑥경제구조와 정책에서의 불평등, ⑦정책결정 참여에서의 불평등, ⑧여성 발전을 위한 제도적 장치, ⑨여성의 인권, ⑩미디어에 나타난 여성에 대한 고정관념 및 미디어에서

---

the Secretary General, 8 May 1998.)

의 불평등, ⑪자연자원 관리와 환경보존에서의 불평등, ⑫여아의 생존 · 보호 · 개발 등이 포함되어 있다.

이와 함께 성에 근거한 다양한 형태의 폭력을 없애기 위한 공공정책의 수립을 요구하였으며, 공공정책에 성인지적인 관점을 통합해야 한다는 주장이 구체적인 수준에서 본격적으로 제기되기 시작하였다. 또한 종전의 여성발전 전략들이 성평등 실현을 증진하는데 별로 효과적이지 못했다는 평가에 따라 성주류화 전략을 행동강령에 채택하였다.(김경희 2005, 3) 이 회의에서 지속가능 발전을 위해서는 여성의 권한위임 및 네트워크가 필수적이라는 점을 확인하였는데 이는 여성들이 능동적으로 정치 · 경제 · 사회 · 문화의 정책결정에 참여하는 방법을 모색하며 여성들 스스로 네트워크를 통해 연대한다는 의지를 표명한 것이다.(라미경 2002, 40)

3) 유엔 여성차별철폐위원회

유엔 여성차별철폐위원회는 1979년 유엔 여성차별철폐협약의 이행과정을 심의하기 위해 설립된 여성문제 전문가 기구로 협약 당사국 회의에서 뽑힌 임기 4년의 여성문제 전문가 23명으로 구성되는데, 한국은 1997년부터 위원으로 활동하고 있다.

1981년 9월, 20개국 이상의 비준을 받아 효력이 나타난 여성차별철폐협약에는 가사의 평등한 분담, 사회복지서비스, 보건서비스, 가족계획, 농촌 여성의 지위 등이 포함된다. 위원회는 매년 2차례 개최되는 회의에서 각 국 정부의 이행보고서를 심의 · 권고하며, 유엔총회에 보고한다. 또한 선택의정서 채택의 역할을 담당하고 있다. 그러나 유엔 스스로가 인정하듯이 이 협정은 '완벽한 법제도는 아니다'. 성차별철폐협정의 성격은 원칙을 선포하고 행동을 촉구하는 것으로 즉각적 법적 구속력을 지니는 것이 아니라 회원국으로 하여금 모든 적절한 수단을 취할 것을 요구하는데 그치고 있기 때문이다. 그럼에도 불구하고 위원회에서 심의하는 각 정부의 이행보고서는 전 세계의 주시를 받고 있을 뿐만 아니라 각 국 여성의 지위와 여성정책의 척도에 관한 기초적인 비교 자료로 사용되고 있기 때문에 국내 여성정책의 개선에 큰 영향을 미치고 있다.

4) IPU 여성의원회의(Meeting of Women Parliamentarians, IPU)

1978년 IPU 내에서 작지만 활발한 여성의원들의 모임이 처음 이루어졌다. 이후 1986년까지 IPU 정례회의가 개최되는 동안 여성의원들의 모임이 비정기적으로 개최되었다. 1983년부터는 여성의원들이 정기적 회의체 설립을 주장하기 시작했으며, 1986년부터 IPU총회 전날, 정례적 여성의원회의가 개최됨으로써 여성들의 정치 참여 확대를 위한 전략의 장이 마련되었다. 1990년에는 여성의원회의의 지속성을 확보하기 위한 항구적 조직으로 여성의원 협력위원회(Co-ordinating Committee of Women Parliamentarians)를 설립하여 여성의 권리신장과 정치적 대표성 확대를 위해 노력하였다.7)

1997년 서울에서 개최된 제97차 IPU총회 여성의원회의는 여성의 정치참여를 확대하기 위한 결의문을 채택하였다. 이 결의문은 민주주의를 위해서는 정치 분야에서 남녀간의 균형적 참여가 중요하다는 관점 아래 각 국 여성의 정치참여를 확대하기 위한 정치구조와 교육 내용의 변화를 촉구하고, 정치적 평등의 성취를 위해 남녀동수로 이루어진 감시단을 구성할 것을 명문화하였다. 여성 정치참여의 확대 논의는 1995년 북경의 UN 세계여성회의와 1997년 2월 인도 뉴델리의 IPU 특별회의에서 비롯되었다. IPU 특별회의는 '정치 분야

7) IPU의 "Meeting of Women Parliamentarians" (http://www.ipu.org/wmn-e/eting.htm)를 참고할 것.

의 남녀 간 동반자 관계'라는 주제 아래 국제회의 사상 최초로 참석자의 성비를 1:1로 구성했다. 뉴델리 회의가 채택한 최종 선언문에는 성차별적인 정당구조의 개선, 할당제의 타당성, 매스컴의 공정성, 여성정치교육의 중요성 등 중요한 논점이 총망라돼 있다.(한겨레21 1997.5.1)

2002년 모로코 마라케시의 제107차 IPU총회 중 개최된 여성의원회의에서는 아시아 지역의 조정위원 중 한국과 일본이 정규위원국으로, 인도네시아와 인도가 대리위원국으로 선출되어 여성의제를 논의하고 국제적 여성이슈 형성에 큰 역할을 하였다. 특히 아시아 지역의 여성의원 비율의 개선과 여성할당제 실시 등, 여성의 정치참여를 독려하고 여성 이슈에 대한 전세계적인 공감대 형성을 위해 노력하고 있는 점은 IPU 여성의원회의의 여성정치 네트워크로서의 영향력을 보여주는 것이라 할 수 있다.

5) 아 · 태 여성담당국가기구 회의(Regional Meeting of National Machineries for Gender Equality in Asia and the Pacific Region)[8]

아 · 태 여성담당국가기구 회의는 유엔 아 · 태경제사회위원회(UNESCAP)와 한국의 여성부가 공동으로 주최한 회의로 아 · 태지역의 19개국 대표[9]들과 국제기구 대표 등 100여명이 양성평등의 실현과 세계화로 새롭게 부각되는 여성문제를 해결하기 위한 자리이다. 아 · 태 여성담당국가기구 회의는 국가 간의 협력체계 수립방안에 대하여 논의하고 권고안을 채택하며, 성평등 증진을 위한 우호적 환

8) 아 · 태 여성담당국가기구 회의에 관해서는 한국여성개발원(2003) 56~58쪽을 참조할 것.

9) 참가 국가는 한국, 중국, 일본, 말레이시아, 인도네시아, 필리핀, 베트남, 태국, 네팔, 파키스탄, 스리랑카, 아프카니스탄, 이란, 우즈벡, 피지, 싱가폴, 핀란드 등이다.

경과 효율적 구조 강화에 관한 국가별 발표와 소그룹 토론, 배경문서 등을 통한 의견 개진이 이루어진다.

그간 아 · 태 여성담당국가기구 회의의 성과를 보면 아 · 태 지역에서 여성문제에 대한 관심을 부각시키고 국가발전계획과 정책, 예산 등에 여성 부문을 포함시켰으며, 여성관련 법률의 제 · 개정, 여성단체 등 시민사회와의 협력관계 형성 등에 기여하였다. 2004년 현재, 아 · 태 지역의 17개국이 여성정책을 수립하였으며, 이 중 12개국에서 성평등과 관련한 특별예산을 책정한 것으로 나타났다. 여성담당국가기구는 한국을 비롯하여 말레이시아, 방글라데시, 네팔, 스리랑카에서는 부처 차원이나 대통령, 또는 수상실 산하에 설립되어 있으며, 각 정부 부처나 지방 정부에 여성담당 부서를 두고 있어 법 · 제도적 측면에서 크게 개선되었다. 그러나 또 한편으로 아 · 태 지역은 여성 인권에 대한 여성 자신의 인식과 지식 부족, 의사결정 과정에의 낮은 여성참여율, 국가여성정책의 미비한 이행 등이 지적되고 있어 실질적 차원에서의 국가간 여성정치 네트워크의 활동이 더욱 필요하다. 특히 세계화에 따른 여성노동의 주변화, 여성실업자, 여성가구주, 여아노동, 여성 이주노동자 문제, 성매매 증가,[10] 여성에 대한 폭력 증가 등 지역적 차원에서 공동으로 대처해야 할 문제가 새롭게 대두됨에 따라 여성정치 네트워크로서의 아 · 태 여성담당국가기구들간의 협력체제 형성이 더욱 중요해지고 있다.

6) APEC 여성장관회의

APEC[11]은 매년 개최되는 APEC 정상회의와 함께, 다양한 협의체

---

10) 동남아시아는 세계 성매매 3위를 차지하고 있으며, 2003년도 한 해 200,000~225,000명이 거래되고 있다.(한국여성개발원 2003, 58)

11) APEC(Asia-Pacific Economic Cooperation)은 미국, 중국, 일본, 러시아 등

가 매년, 또는 비정기적으로 개최되고 있다. 이 중에는 정상회의 전에 진행되는 합동 각료회의와 통상, 재무, 교육, 여성, 환경 등 15개 분야별 장관회의, 연 4회 개최되는 고위관리회의(SOM) 등이 운영되고 있다. 특히, 여성정책과 관련하여 APEC은 1996년 정상회의 선언문을 통하여 여성의 참여를 강조하였다. 이어 1998년 필리핀 마닐라에서 제1차 여성장관회의가 개최되었고 2002년 멕시코 과달라하라에서 제2차 여성장관회의가 개최되어 APEC의 성(性)주류화를 선언하였다. 특히 2002년 제2차 여성장관회의를 계기로 APEC의 비전과 목표 달성에 여성의 참여가 중요함을 인식하고 이를 더욱 지속적으로 추진하기 위해 정부간 기구인 젠더전담관네트워크(Gender Focal Point Network; GFPN)를 만들었다. 한국 역시 여성부장관을 수석대표로 하여 관계자, 학계, 여성 기업인 등이 참가하여 주제발표국으로 발표와 토론을 주도하는 등 여성장관회의에서 가시적인 활동을 하였다.

그러나 APEC의 주요 정책과정과 활동에 여성을 통합시키겠다는 의지를 매년 정상선언에서 밝혀왔음에도 불구하고 매 2년마다 개최하기로 한 APEC 여성장관회의는 더 이상 개최되지 못하고 있다. 제3차 여성장관회의 개최 예정지였던 칠레는 예산부족을 이유로

주변 4대국을 포함하는 21개 회원국으로 구성된 아시아 · 태평양 지역의 경제협력체이다(한국, 일본, 태국, 말레이시아, 인도네시아, 싱가포르, 필리핀, 브루나이, 중국, 차이니즈 타이페이, 홍콩, 러시아, 베트남(이상 아시아 13개국), 캐나다, 미국, 멕시코, 칠레, 페루(이상 미주 5개국), 호주, 뉴질랜드, 파푸아뉴기니(이상 오세아니아 3개국)). 2005년 현재 전 세계 GDP의 약 57%, 교역량의 46%가 APEC 회원국들 간에 이루어지고 있으며 APEC 회원국의 인구는 전 세계 인구의 약 44.8%를 차지하여 세계경제의 절반을 포괄하는 거대한 협력체이다. 한국도 APEC 회원국들과의 교역량이 총 교역량의 약 70%에 달하고 있어 연중 생산해내는 부가가치의 거의 절반이 APEC 회원국들과의 무역으로 창출된다. 2005년 제 13차 APEC에서는 한국이 의장국으로 선정되었다.

개최되지 못했으며, 2005년, 2006년 개최 예정지였던 한국과 베트남에서도 개최되지 않았다. 성평등과 여성권익 증진을 논의할 수 있는 중요한 회의임에도 불구하고 개최를 지원하는 공식 기구가 없어 정례적 개최가 불투명한 상태인 것이다. GFPN 역시 젠더 업무를 추진할 전담관이 없고 추진목표와 추진업무가 구체적으로 정해져 있지 않아 성과가 불투명하다.

동아시아 지역을 비롯하여 문화가 다양하고, 경제 발전, 민주주의 성숙 정도가 상이한 APEC 국가들이 지속적으로 발전하고 협력하기 위해서는 여성의 권익 확보와 여성 분야의 취약성을 개선하는 것이 무엇보다 중요하며, 이를 위한 여성정책의 국가간 논의는 필수적이다. 2005년 APEC 개최 당시 한국 국회여성위원회가 요구한 'APEC 운영에의 젠더통합 강화에 관한 촉구결의안'에서도 볼 수 있듯이 젠더통합의 지속적 강화 및 성주류화 전략의 실질적인 이행을 위한 여성 리더쉽 향상 전략 확보, 젠더전담관회의(GFPN)의 상설화, 여성장관회의의 의무적 개최는 아·태 지역에서의 여성의 지위 향상을 위해 꼭 필요한 것들이다.(여세연 2005)

2. 민간차원 여성정치네트워크

국가간 갈등이 전쟁과 긴장보다는 평화와 협상에 의해 해결되는 세계 공동체 사회를 만들기 위해서는 각 국 정부의 공식적 접촉뿐만 아니라 비정부 차원의 네트워크가 다방면에서 필요하다. 국가간의 관계는 국가이익과 원리에 의해 영향을 받지만 개인과 사회와의 관계는 초국가적 이해와 협조를 가능케하는 동력으로서 세계 평화와 복지 실현에 기여할 수 있기 때문이다.

동아시아 지역에서 이루어지는 민간차원의 여성정치 네트워크는 유엔을 중심으로 한 여성정치 네트워크와 정부 차원과 병행하여 이루어지는 민간 여성정치 네트워크, 그 외 민간 차원의 여성정치 네트워크로 나누어 볼 수 있다.

1) 유엔 비정부기구 회의

유엔은 정부 대표들의 공식회의가 여성의 실질적 권익의 추구보다는 정부의 체면유지나 정치적 이슈 등 자국의 이해관계를 중시하여 발언하고 제안하는 경향이 있음을 감안하여 이러한 약점을 보완하고 국제기구에 민간인의 여론이 반영되게 하기 위한 제도로 유엔 헌장 제71조의 자문관계 조항을 마련하였다.[12] 이 조항은 유엔이 비정부기구의 전문지식과 정보를 수렴할 뿐 아니라 세계여론을 대표하는 민간단체로 하여금 그 의사를 표현하게 하기 위한 목적을 가지고 있다.

유엔 창립 당시에 25개였던 여성NGO는 유엔 여성의 해가 선포되던 1975년에는 47개로 증가하였으며, 유엔의 핵심기구인 경제사회이사회에 등록되어 자문기관으로 활동하는 여성관련 국제 비정부기구는 1994년 현재 80여개에 이른다.(한국여성개발원 1994) 이들 NGO 대표들은 공식회의의 정부 대표의 수치를 능가하며, 정부 대표들의 제약을 넘어 순수하게 인류와 세계 차원에서 문제를 다룸으로써 의제의 핵심에 보다 실질적으로 접근하고 있다. 또한 이들은 여성의 의견이 의사결정과정에 광범위하게 반영되도록 노력함으로써 비공

12) 유엔 경제사회이사회에 협의자격을 갖고 있는 전체 NGO의 수치는 1948년에 총 40개(General:13, Special:26, Roster:1)단체이던 것이 1995년에는 886개(General:65, Special:406, Roster:415)단체로 늘어났고, 2007년에는 총 3,052(General:139, Special:1,956, Roster:955) 단체로 급증하고 있다. 그 중 아시아 지역의 NGO 는 1996년에 전체의 9%를 차지하고 있었는데, 2007년에는 전체의 16%를 차지함으로써 아시아 지역 NGO의 국제적 활동과 연대가 크게 강화되고 있음을 알 수 있다. (UN 경제사회이사회, http://www.un.org/esa/coordination/ngo/table2007.html.)

식적인 국제여성운동이 보다 공식적인 채널을 통하여 확산되는 계기를 마련하였다.(라미경 2002, 32) 실제로 유엔이 1975년을 '세계여성의 해'로 제정하고 세계여성대회를 개최하게 된 것도 국제전문직여성클럽(IFBPW), 세계여성단체협의회(ICW), 국제여성민주연맹(WIDF) 등 국가간 여성NGO 네트워크의 활약이 있었기 때문이다. 이들은 유엔 여성지위위원회에 참석하여 이를 제안하고 적극적으로 로비활동을 벌였다.(한국여성개발원 1994)

유엔 여성지위위원회는 제1차 세계여성회의 이후 정부기구의 회의와 병행해서 비정부기구의 회의를 동시에 개최하고 있다. 비정부기구 네트워크인 NGO 포럼은 세미나, 토론회, 전시회를 통해 다양한 인종과 문화의 여성 이슈를 홍보하는 장인 반면에 여성문제들을 논의하고 해결 방안을 모색하는 토론의 장을 제공한다. 또한 세계 형성의 자매애로 국제적 단합을 공고히 할 뿐만 아니라 공유한 의견 표출은 정부대표단에 영향을 미치기도 한다. 실제로 정부대표단에 대한 비정부기구 대표단의 로비활동은 매우 적극적이어서 의제채택에 막대한 영향력을 미친다. 각국 정부에서도 정부대표단이 제기하기 어려운 사안은 비정부기구 대표단과 협력해 로비활동을 벌이기도 한다.(한국여성개발원 1997, 119)

(1) IWY Tribune (1975) - 멕시코시티, 멕시코

1975년 멕시코시티에서 제1차 세계여성회의가 '평등, 발전, 평화'라는 주제로 개최되었던 당시, 세계 비정부기구 회의인 IWY Tribune이 동시에 개최되었다. 이 회의에는 여성의 공동 문제를 해결하려는 여성NGO들이 정치적 · 이념적 · 문화적 배경의 차이에도 불구하고 약 6,000여명이 참가하였으며, 농촌 여성에서부터 여성우주인 훈련에 이르는 다양한 주제에 걸쳐 200여개의 워크샵이 개최되었다. 이

회의는 세계여성회의와 함께 여성발전을 향한 행동에 새로운 가능성을 열어주었고, 새로운 프로그램과 단체들을 조직하여 국제적으로 협력하는 동기를 부여하였다.

(2) NGO 포럼 (1980) - 코펜하겐, 덴마크

1980년 덴마크의 코펜하겐에서 제2차 세계여성회의가 개최되었고, 같은 시기에 NGO 포럼이 '교육, 고용, 보건에서의 여성 참여'라는 주제로 열렸다. 약 8,000 여명이 포럼에 참가하였으며 150개 이상의 워크샵과 자문회의를 열어 가사노동임금, 여성해방론, 여성학, 성 착취, 기술 등 다양한 문제에 대한 토론을 벌였다. 이 포럼은 국제적 여성운동에 기여했으며 국제 네트워크를 개발하는데 공헌하였다.(한국여성개발원 1994)

(3) NGO 포럼 (1985) - 나이로비, 케냐

1985년에는 케냐의 나이로비에서 제3차 세계여성회의가 개최되어, '2000년을 향한 나이로비 여성발전 미래전략'을 채택하였다. 이와 때를 같이하여 150여개 국가에서 12,000명의 여성들이 참가하여 1,100개의 NGO 포럼을 개최하고, '평등, 발전, 평화'의 주제를 더욱 공고히 하였다.(Pietila and Vickers 1994, 7) 워크샵, 전시회, 토의그룹, 영화 및 비디오 상영, 집회, 바자 등이 열렸고, 정부간 회의의 의제와 더불어 법과 여성발전, 동성연애 권리, 난민, 가정폭력, 정책결정 수준의 여성참여, 여성과 예술, 여성문제에 대한 연구를 포함한 다양한 주제의 토론이 있었다. 이 포럼은 여성문제에 대한 여성적인 시각과 접근방법을 위한 국제적인 강령을 제공하였다.(한국여성개발원 1994)

이 기간의 가장 두드러진 변화는 세계 각국의 여성 NGO들의 유형과 수가 증가하고 국제적 수준의 NGO들 간의 네트워크가 형성되었다는 점이다. 비종교적, 종교적, 진보적, 보수적, 풀뿌리, 엘리트 등 다양한 스펙트럼을 갖고 있는 여성 NGO들은 여성의 복지, 개발, 변화를 위한 여성의 재조직, 여성의 일터와 생활, 여성의 변화에 대한 옹호 등에 참여했다. 특히, 유엔의 협의 자격을 얻은 국제여성 NGO들은 세계여성회의와 NGO 포럼에 주도적으로 참여했고 그들의 활발한 활동은 지역 NGO들과 연결되어 여성정치 네트워크를 형성했다. 이들은 전략, 자원, 정보를 공유하여, 지구 · 국가 · 지역 수준에서 대안 영역을 만드는 것을 목표로 하였다.

(4) NGO 포럼 (1995) - 후아이로우, 중국

북경 세계여성회의와 때를 맞춰 전 세계에서 4만 여명의 여성 NGO들은 북경 근처의 후아이로우에 모여 북경여성선언문을 채택하고, 21세기를 향한 세계여성운동 전략으로 성 주류화(Gender Main-Streaming)를 합의하였다. 또한 전 세계에 구체적인 성평등 국가계획 수립을 통한 북경여성행동강령의 이행을 촉구함으로써 초국적 여성 네트워크를 통한 여성문제 제기, 정책적 영향력 및 정치적 담론을 형성하였다.

비정부기구의 역할은 공식적인 유엔회의에 참석하는 경우 주로 정부에 대해 로비활동을 하는 것임에 반해, 비공식적인 NGO 포럼은 네트워크와 교육에 중점을 두고 여성전략과 역할을 수행하고 있다. 한국 NGO의 경우, 다양한 주제로 열리는 NGO 워크샵에 참가하여 여성정치 네트워크 형성에 주력하였으며, 공동사업 외에 개별 참가 단체가 주관하는 행사에 참가하여 협력하였다. 그 외 한국 여성운동의 주장을 알리는 다양한 홍보활동과 정부회의에서 적극적인 로비활동을 벌이는 등의 활발한 역할을 하였다.

UN회의에서 여성과 관련한 제반 이슈들, 특히 논란이 되는 이슈들을 협상테이블로 끌어들여 협상 진전을 효과적으로 보기 위해서는 여성 NGO의 역할이 필수적이다.(이신화 1998, 600-618) NGO는 세계기구와 공식적, 또는 비공식적 연계를 맺고 자신들의 활동을 세계 로 확대시키는 한편, 세계 각지의 사람들이 유엔에서 그 의사를 반영할 수 있는 장을 마련해주는 역할을 담당한다. 1975년 이후 4번의 세계여성회의에서도 여성문제에 대한 정부간 논의는 많은 부분 동서 갈등, 남북 갈등의 정치적 영향이 강하게 개입되고, 각 국가의 대표들도 여성문제에 대한 실질적 협력보다는 정치적 수사나 각 국가의 정치적 입장에 국한되어 있다. 그럼에도 불구하고 여성 NGO들의 활동은 전세계적으로 여성의 문제에 대한 관심과 정책을 고취시키고, 구심점을 제공하여 보다 세분화되고 새로운 국제규범으로서의 발전을 도모하는데 큰 영향을 미쳤다.(라미경 2002, 41)

이처럼 여성 NGO들이 주축이 된 국가간 여성정치 네트워크는 4회의 세계여성회의를 거치면서 더욱 활발한 활동을 하고 있다. 특히 1980년에서 1989년 사이에 유엔 협의자격을 갖춘 30여개의 여성 NGO들 중 절반 이상이 아시아를 포함한 제3세계에 그 본부를 두고 있는데 이는 아시아 및 제3세계 지역의 여성정치 네트워크가 활성화되고 있음을 보여주는 것이다.(Russett and Starr 1989, 64-72; 라미경 2002, 42)

2) 아 · 태지역 NGO 회의

1995년 제4차 유엔 세계여성회의 및 NGO 포럼을 준비하기 위한 국제적, 지역적 및 국가 차원의 모임이 있었다. NGO 포럼을 위해 NGO 준비위원회(NGO Planning Committee)가 활동하면서 전 세계를 아프리카, 아시아 · 태평양, 서아시아, 라틴아메리카 · 카리브안, 유럽 ·

북아메리카 등 5개 지역으로 나누어 지역별 준비모임이 열렸는데, 아 · 태지역에서의 NGO 회의는 1993년 필리핀의 마닐라에서 열렸다.

1993년 필리핀의 마닐라에서 개최된 아 · 태지역 NGO 회의는 아 · 태지역 경제사회위원회, 필리핀 여성역할위원회(National Commission on the Role of Piliphino Women; NCRFW)가 공동주최하고, 아 · 태지역 NGO 실무위원회가 협력단체로 참여하였으며, 아 · 태지역 33개국 600여명과 그 외 지역인 미국, 러시아, 핀란드에서 22명이 참가하였다.[13] 아 · 태지역 NGO 회의의 활동은 첫째, '유엔여성 10년' 후반기에 개최되었던 나이로비 유엔 세계여성회의 때 채택된 '나이로비 미래전략의 이행방향'을 점검 · 평가하고, 둘째, 북경에서 채택할 세계여성행동강령이 기존의 문서보다 정확하고 사전협의를 충분히 반영하는 새로운 정책문서가 될 수 있도록 준비하고, 셋째, 지역 준비과정을 통하여 지역현실과 권고사항을 확실히 밝히고, 넷째, 행동강령 이행을 위하여 정부기관의 협조를 미리 구하는 것이었으며,[14] 이 회의에서 NGO 활동단체 명단과 참가국, 참가자 수와 명단이 발간되었다.

한편 아 · 태지역 '북경+10 여성NGO 포럼(Asian Pacific NGO Forum on Beijing+10)'은 2004년 태국의 방콕에서 개최되었다. 이는 북경+10을 위한 지구적 차원의 재검토와 평가과정이 되는 아 · 태지역 정부간 고위자회의에 지역 NGO의 관점과 의견을 제시하고자 개최

13) 한국은 15개 단체에서 33명이 1993년 아 · 태지역 NGO 회의에 참가하였다.

14) 아 · 태지역 NGO회의에서는 '빈곤의 여성화, 경제활동에의 참여 불평등, 환경 및 자원 관리에 있어서 여성의 역할과 관점에 대한 인식 부족, 정책결정 및 권력에의 불평등한 접근, 여성의 인권 침해, 보건에 있어서 불평등, 교육 및 문학에 있어서 불평등, 미디어의 여성에 대한 부정적 묘사, 여성지위 향상을 위한 관련 기구의 미흡, 평화 구축에 있어서 여성의 역할에 대한 인식 부족'을 여성개발 주요 관심 분야로 다루고 있다.

된 것으로 아·태지역 35개국[15]에서 해외 참가자만 약 700여명에 달하는 참가자들이 북경 이후 10년 동안의 여성운동의 성과와 여전히 직면하고 있는 문제, 그리고 새롭게 나타나는 현안 과제들에 대한 평가와 토론을 전개하였다. 4차례에 걸쳐 진행된 전체회의의 주제는 '지난 10년의 성과와 새로운 도전, 무슬림 사회에서의 아시아 여성; 전망과 투쟁, 초국적 여성운동, 세계화 속의 미래 정치와 도전, 여성의 권리, 민주주의 그리고 지속가능 개발의 과제'였으며, 북경행동강령의 이행에 있어 나타나는 특징 및 경향, 북경행동강령의 전략목표를 달성하기 위한 권고 및 교훈, 새로운 정치·경제적 환경이 여성에게 미치는 영향이 논의되었다. 포럼의 결과물인 '퍼플북(purple book)'은 아·태지역의 NGO의 관점과 제언을 담고 있다. (민무숙 외. 2004)

아·태지역 NGO회의는 세계화와 아시아의 특수 상황, 그리고 각국의 정치문화적 차이로 인한 여성운동의 다양성 속에서 여성 공동의 문제를 해결하기 위한 국제적 여성정치 네트워크의 역할을 수행하고 있다. 같음보다는 다름이, 하나보다는 여럿이, 통합보다는 분리가 강조되는 한편, 또 다른 편에서는 여성의 이름으로 공통의 소통과 모색, 그리고 함께 전망을 세워나가야 한다는 입장에 공감하기 때문이다.

3) 동아시아 여성포럼(East Asian Women's Forum)

1993년 필리핀 마닐라에서 개최된 아·태지역 NGO회의 결과 중

15) 서아시아의 이란과 터키, 남아시아의 스리랑카와 인도, 중앙아시아의 키르키스탄과 우즈베키스탄, 동남아시아의 필리핀과 인도네시아, 동아시아의 한국과 일본, 중국, 태평양지역의 피지와 호주 등이 참가하였다. 한국에서는 여성단체연합 및 관련 여성단체와 한국여성개발원 등에서 총 39명이 참석하였다.

하나로 한국, 중국, 일본이 주축이 되어 동아시아 여성포럼이 결성되었다. 1994년 일본에서 개최된 동아시아 여성포럼은 조직이 결성된 이후 가진 첫 행사로[16] 동아시아 여성들만의 연대를 형성한 첫 회의였다는 점에 의의를 갖는다. 여기에서 '21세기를 위한 동아시아 여성 선언과 행동계획'이 채택되었으며, 1995년 북경대회를 준비하면서 동아시아 여성들 사이의 네트워크를 다졌다. 또한 21세기 동아시아의 비젼을 만들기 위해서 동아시아 각 국의 공통점과 차이점을 찾아내고, 경제개발로 인한 문제와 가부장 문화로 인한 억압의 경험을 나눔으로써 서로에게 도움이 되고자 하였다. 동아시아 여성포럼은 여성의 시각에서 이 지역의 경제성장 유형들을 검토하고 대안적인 유형을 모색한 포럼으로 ①발전에서의 여성, ②여성의 정치세력화, ③여성의 인권, ④여성과 문화, ⑤여성과 전쟁 · 평화의 5개 분과로 나누어 총 60여개의 보고서가 논의되었다.

제2차 동아시아 여성포럼은 1996년 서울에서 개최되었다. 북경 세계여성회의 행동강령의 이행 정도의 점검이 포럼의 목적이었는데, 한국, 중국, 일본, 대만, 홍콩, 몽고, 마카오에서 400여명이 참가하였다.[17] '인권, 정신대 문제, 고용 문제' 등이 포럼의 주제였으며, 각 분과는 ①여성의 정치참여, ②종교와 문화, ③환경과 발전, ④경제와 발전, ⑤여성에 대한 폭력, ⑥평화문제의 6개 분과에서 여성 이슈들을 논의하였다.

동아시아 여성포럼은 매 3년마다 개최됨으로써[18] 2006년 7월 북

16) 한국 46명(26개 단체), 중국 14명, 대만 16명, 홍콩 14명, 마카오 4명, 몽고 7명, 하바로프스크 2명(참관) 등 100여 명과 일본에서 500여 명이 참가하여 아시아 7개국에서 600명이 참가하였다.

17) 각 국가별 참가규모를 보면, 중국 9명, 연변 3명, 일본 63명, 홍콩 10명, 대만 16명, 몽고 12명, 마카오 1명, 그리고 한국 300명이다.

18) 동아시아 여성포럼은 2000년까지는 매 2년마다 개최되었고(1996-서울, 1998-몽골, 2000-대만), 이후 3년마다 개최되고 있다(2003-홍콩).

경에서 제6차 동아시아 여성포럼이 개최되었다. 이 포럼은 동아시아 국가간 여성정치 네트워크의 일부를 형성하면서 여성의 권리와 지위 향상 및 양성평등의 확보를 위한 공동보조를 취하고 있다.

4) APEC 여성지도자 네트워크(Women Leaders' Network; WLN)

1996년 마닐라에서 처음 개최된 APEC 여성지도자 네트워크는 21개국의 정부, 기업, 학계, 민간단체에 종사하는 핵심 여성지도자들의 네트워크로서 여성들의 당면과제와 다양한 제안들을 APEC의 정책 및 프로그램 수립에 반영하는 역할을 하고 있다.[19] 이를 위해 여성대표들의 의견을 결집하고 선언문을 채택하여 APEC 장관회의 및 본회의에 제출하고 있으며, 역내 경제협력과 여성지도자간 네트워크 구축, 무역과 투자, 중소기업, 영세기업, 여성의 참여, 성 통합 등에 지속적인 관심과 노력을 경주하고 있다. 특히, 정부기관, 경제계, 학계, 민간단체 등 각 분야의 여성 리더들의 파트너십을 통한 네트워크 형성과 협력체제 조성을 강조한다.

APEC 여성지도자 네트워크의 목적은 아·태지역의 균형적이고 지속가능한 경제성장을 촉진하고, 여성중소기업 지원을 위한 네트워크 개입의 구축이라고 할 수 있다. 여성 기업은 일과 가정의 조화와 균형이라는 관점에서 활동하고 있기 때문에 여성 개발지원정책이나 프로그램의 증가는 가족 성원 전체의 풍요를 증가시킬 수 있으며 지역사회 발전에도 도움이 될 수 있다. 따라서 여성 기업의 지원정책과 여성지도자 네트워크에 의한 전략적 개입이 필수적이다.

APEC 여성지도자 네트워크의 활동을 보면, 성(gender)을 APEC의

---

19) APEC 여성지도자네트워크는 필리핀(1996), 캐나다(1997), 말레이지아(1998), 뉴질랜드(1999), 부르나이(2000), 중국(2001), 멕시코(2002), 태국(2003), 칠레(2004), 한국(2005), 베트남(2006), 호주(2007)에서 총 12회 개최되었다.

전반적 의제의 관심사로 인정하고 모든 단체의 APEC 업무에 성 관점을 통합하며 성분리 자료를 제시하도록 건의함과 동시에 APEC의 모든 기구에 여성의 완전한 참여를 촉구하고 있다. 또한 시장, 기술, 인간자원, 금융, 정보 접근을 동등하게 보장할 것을 촉구하고 있다. 그러나 운영 측면에서 보면 APEC 여성지도자 네트워크는 발족된 지 10년이 넘었지만 여전히 상설기구가 아닌 특별기구에 머무르고 있으며 사무국과 사무직원이 없는 상태이다. 따라서 APEC 여성지도자 네트워크가 보다 효율적인 여성정치 네트워크로서 작동하기 위해서는 조직의 상설화가 우선되어야 할 것이다.

5) DAWN(Development Altematives with for the New Era)

제3세계 여성학자들과 활동가로 구성된 DAWN은 나이로비 NGO 포럼을 준비하던 1984년에 시작된 여성정치 네트워크로서 이들이 마련한 문서는 나이로비 세계여성회의에 큰 영향을 끼쳤다. DAWN은 세계 개발에 대한 제3세계 여성의 독자적인 시각을 중심으로 여성의 사회 진출 저해 요인들을 극복하기 위한 확고한 조치를 주장하였다. 또한 양성평등 사회의 구현, 빈곤과 모든 폭력이 제거된 사회의 형성, 기본권의 확보 및 동등한 정치 참여 등을 여성발전에 대한 비전으로 제시하고 있다.

DAWN은 세계를 7개의 지역으로 구분하여 네트워크를 형성하고 있다. 여기에는 두 개의 아프리카 지역[20]과 카리브 지역, 라틴아메리카 지역, 태평양 지역, 남아시아 지역, 동남아시아 지역이 포함된다. 세계 각국을 대상으로 한 여성정치 네트워크와는 달리 DAWN은

---

20) DAWN은 아프리카 지역을 Anglophone Africa와 Francophone Africa로 구분하여 네트워크의 지역적 활동을 시행하고 있다.(http://www.dawnnet.org/REGIONAL_EN.HTML)

제3세계를 중심으로 한 국가간 여성정치 네트워크라는 점에서 차별성을 가지며 동아시아 지역의 여성 발전에 큰 역할을 하고 있다.

Ⅳ. 결론: 평가 및 발전 방안

세계화로 인해 국경의 의미가 희미해진 현재, 한 국가의 정책은 세계의 경향 및 국가간 관계에 더욱 영향을 많이 받게 되었으며, 이러한 외적 환경은 개별 국가가 정책을 수립하고 실행하는데 압력으로 작용한다. 이는 여성정책의 형성, 결정 및 집행과정에서도 마찬가지여서, 유엔의 논의들뿐만 아니라 국가 간 여성정치 네트워크의 역할이 강화되고 있는 추세이다.

유엔 여성차별철폐위원회와 여성지위위원회를 중심으로 한 세계여성회의와 아·태여성담당국가기구 회의, IPU 여성의원회의, APEC 여성장관회의 등은 정부간 공식적 활동을 통해 여성의 정치참여에 관한 공동의 전략을 지속적으로 모색해 온 국가간 여성정치 네트워크이다. 이들은 국제적 차원에서 여성문제에 대한 관심을 가시화시켰으며, 국가간 연대 활동을 통하여 여성문제의 해결과 여성의 정치참여를 확대하는데 일조하였다. NGO 포럼을 비롯한 아·태지역 NGO회의, 동아시아 여성포럼, APEC 여성지도자 네트워크, DAWN 등은 비정부 차원에서 여성정치 네트워크를 형성하고 여성의 정치참여 증진을 위해 노력하는 국가간 여성정치 네트워크이다. 이들의 활동은 대체로 여성권리의 보편적인 내용을 인지시키는 정도이지만, 변화의 속도를 빠르게 할 뿐만 아니라 각 국가별 여성정책을 평가하고 전략을 비교·협의함으로써 개별 국가의 여성정책의 향상과 여성정치 참여의 촉진을 가능하게 한다는 점에서 긍정적이다. 특히,

동아시아 국가들은 역사적 · 문화적 차이에도 불구하고 낮은 여성의 지위 및 정치적 저대표성이라는 공통의 여성문제를 공유하는 만큼, 함께 성장하기 위해서는 여성정치 네트워크에 의한 전략개발과 단합이 강하게 요구되고 있다.

지금까지 살펴 본 동아시아의 국가간 여성정치 네트워크는 몇 가지 특징을 보인다. 우선 동아시아 지역에서 형성된 국가간 여성정치 네트워크는 대부분 UN, IPU, APEC 등 국제기구를 중심으로 형성되고 활동해 왔다는 점이다. 이들 여성정치 네트워크는 동아시아 지역에 한정되기 보다는 세계 여성운동과 맞물려 이루어짐으로써 여성 공동의 이슈를 전세계적으로 부각시키고, 이를 각 국의 여성정책으로 환원하는 데는 긍정적으로 작용했지만, 동아시아 지역의 특수성에 따른 여성문제의 해결에는 상대적으로 미흡했다고 할 수 있다.

대부분의 여성정치 네트워크가 정부간 공식회의와 민간부문의 비공식회의를 병행하여 진행했다는 점도 또 하나의 특징이다. 유엔이 주도하는 회의에는 정부 대표와 함께 협의자격을 갖춘 NGO들이 자유롭게 참여하고 있다. 정부 대표로 구성되는 IPU 여성의원회의, 민간대표들로 구성된 DAWN을 제외하면 공식회의와 비공식회의를 병행하던지, 또는 정부 대표와 민간 대표가 함께 참여하는 여성정치 네트워크로 구성되어 있다.

동아시아 지역을 주축으로 하는 여성정치 네트워크는 최근에야 활성화되고 있는 점도 주목할 점이다. 동아시아 여성포럼은 1993년에, APEC 여성지도자 네트워크는 1996년에, APEC 여성장관회의는 1998년에 시작되고 있음을 볼 때, 동아시아 지역의 국가간 여성정치 네트워크는 아직 초기 단계라고 할 것이다. 특히 동아시아 지역의 국가간 여성정치 네트워크는 APEC 여성장관회의에서 볼 수 있듯이 여성관련 담당기관이나 주도적인 공식기구가 없어 불규칙적으로 이루어지거나 지속적이지 못한 경우가 나타나고 있다. 그러나 동아시아 여성의 발전과 양성평등한 사회 구현을 위해서는 거시적이고 전 세계를 대상으로 하는 국가간 여성정치 네트워크뿐만 아니라 동아시아 지역의 여성문제를 집중적으로 다루는 미시적이고 지역적인 동아시아 국가간 여성정치 네트워크의 형성과 발전이 중요하다.

동아시아 국가간 실질적인 여성정치 네트워크가 형성·운영되기 위해서는 우선 여성정치 과정에 적극적으로 참여할 수 있는 네트워크 행위자로서의 여성의 주도적 역할이 필요하다. 여성정치 네트워크는 지역적이든 세계적이든 여성이 안고 있는 공통의 문제점을 함께 해결하기 위한 움직임이기 때문이다. 여성의 발전은 여성 스스로의 강력한 사회적·정치적 운동으로부터 비롯된다고 할 수 있다. 또한 여성의 지위와 위상이 단순히 상향식, 또는 하향식 접근으로 짜맞춰질 수 없다는 점을 감안하면 정책결정과정의 행위자간 관계 형성과 다양한 여성 행위자의 역할이 더욱 중요해진다. 주도적인 네트워크 구축의 노력과 여성정책 형성에 영향을 줄 수 있는 위치로의 여성들의 적극적인 진출이 우선되어야 할 것이다.

둘째, 국가간 여성정치 네트워크를 형성하고 지속하려는 정부간, 그리고 민간 차원의 노력과 전지구적 차원, 지역적 차원의 꾸준한 노력이 필요하다. 한국의 경우 동아시아 지역의 중심지로서 국가간 여성정치 네트워크의 주도적인 역할을 수행하여야 하며 이를 위한 정부의 적극적인 지원과 함께 여성단체의 국제 교류 및 여성연대의 노력이 확대되어야 한다. 여성정치 네트워크의 역할이 여성의 권익 향상 및 여성정치 참여를 촉진하고 정책 결정에 영향력을 행사하고 합의를 도출하는 전방위 활동이라고 할 때 국가 차원에서 지역에 이르기까지의 다양한 여성정치 네트워크의 형성은 무엇보다도 중요하다. 실제로 국가간 여성정치 네트워크의 성공은 '같은 가치'를 추구하면서도 서로의 '차이'를 존중하는 정신에 기초하며 획일성보다는 다양성을 포용하는 개방적 자세, 외국 문화에 대한 배려, 보편적 가치 추구 그리고 세계시민의식 함양 등에 달려있다.(김판석 2000, 25)

셋째, 전세계 여성관련 기구 및 단체와의 다각적 연대와 협력을 확대 · 강화해 나감으로써 지구적 과제를 위한 공동의 노력을 기울여야 한다. 공식 국제회의에서의 정부간 여성정치 네트워크의 확대와 함께, 1995년 북경 제4차 세계여성회의에서의 성공적인 로비 활동에서 볼 수 있듯이 민간차원의 여성정치 네트워크의 역할이 필수적이다. 국제무대에서의 국가간 여성정치 네트워크의 중요성에 대한 인식이 점점 높아지는 지금, 지속가능한 여성 발전을 위해서는 여성정치 네트워크의 역할과 확산이 중요하다.

【참고문헌】

Chen, M. A. 1996. "Engendering World Conferences: The International Women's Movement and the UN" T.G. Weiss and L. Gordenker, eds. *NGOs, the UN, and Global Governance* Boulder: Lynne Rienner Publishers.

DAWN. http://www.dawnnet.org/REGIONAL_EN.HTML

European Union. 2001. *Draft Work Programme for 2002 of the Network of Legal Experts on the Application of Community Law on Equal Treatment Between Women and Men.*

Goss S. 2001. *Making Local Government Work: Networks, Relationships and the Management of Change* Palgrave.

IPU. "Meeting of Women Parliamentarians" http://www.ipu.org/wmn-e/eeting.htm

Jahan, R. 1975. "The International Women's Year Conference and Tribune" *International Development Review* vol. 3.

Jordan, A. G. 1981. "Iron Triangles, Wooley Corporatism and Elastic Nets: Images of the Policy Process" *Journal of Public Policy* vol. 1.

Katzenstein, P. J. 1978. *Between Power and Plenty: Foreign Economic Policies of Advanced Industrial States.* Madison: University of Wisconsin Press.

Mackie, Vera. 2001. "The language of Globalization, Transnationality and Feminism" *Inaternational Feminist Journal of Politics* vol.3, no.2.

Molyneux, Maxine. 1985. "Mobilization Without Emancipation? Women's Interests the State, and Revolution in Nicaraqua" *Feminist Studies* vol. 11.

Moser, C. O. N. 1993. *Gender Planning and Development: Theory, Practices and Training* London: Routledge.

Peters, B. G. 2000. "Managing Horizontal Government: the Politics of Co-ordination" *Public Administration* vol. 76.

Peterson, V. Spike and Anne Sisson Runyan. 1999. *Global Gender Issues: Dilemmas in World Politics* Colorado: Westview.

Pietila, H. and J. Vickers. 1994. *Making Women Matter: The Role of the United Nations.* London: Zed Books.

Smouts, M. C. 1998. "The Proper Use of Governance in International Relations" *International Social Science Journal* vol. 155.

Tickner, J. Ann. 2001. *Gendering World Politics* New York: Columbia

University Press.

UN ECOSOC. 1998. *Work of the Non-Governmental Organizations Section of the Secretarial Report of the Secretary General* 8 May 1998.

Weeda, M. 1987. "The Role of Social Planning and Participation in the Refugee Context" *Social Planning in Development Countries Dissertation* London: London School of Economics.

『한겨레 21』 1997. 5. 1 제 155호.

김경희. 2005. '성인지 정책의 형성과 의미' 『입법정보』 제172호.

김양희. 2003. 『여성정책네트워크에 관한 연구: 해외 사례 및 국내도입을 위한 제언』 연구보고서 250-27. 서울: 한국여성개발원.

김재인 · 임미영. 2004. 12. "한국 여성정책네트워크에 관한 실태분석" 『한국행정학보』 제38권 제6호.

김판석. 2000. "지방자치단체의 국제교류 발전방향" 『한국지방자치학회보』 12권 4호.

라미경. 2002. "글로벌 거버넌스 차원에서의 여성NGO 역할" 『현대사회와 행정』 제12권 제2호.

민무숙 · 조은희 · 이선주. 2004. "아태지역 북경+10 NGO포럼" 한국여성개발원.

변화순 · 김은경. 1998. 『유엔여성지위위원회 50년과 한국 활동 10년』 서울: 한국여성개발원.

여세연. 2005. 5. "아는 만큼 보인다-APEC과 젠더통합 강화의 움직임" http://www. womanpower.or.kr

유엔 경제사회이사회. http://www.un.org/esa/ coordination/ngo/table2007.htm

유엔 여성지위위원회. "Short History of the Commission on the Status of Women" http://www.un.org/womenwatch/daw/CSW60YRS/CSWbriefhistory.pdf

이신화. 1998. "국제환경시대와 여성" 이범준 외. 『21세기 정치와 여성』 서울: 나남.

이정옥. 2005. "여성의 생물학적 대표성과 정치적 대표성" 조현옥 외. 『한국의 여성정치세력화 운동』 서울: 사회와연대.

한국여성개발원. 1986. 『유엔여성 10년 관련 자료집』.

한국여성개발원. 1994. 『나이로비여성발전 미래전략과 우리나라 여성단체활동』

한국여성개발원. 1997. 『유엔여성지위위원회 50년과 한국활동 10년』 연구보고서 230-16.

한국여성개발원. 2003. 겨울. "아태여성담당국가기구회의" 『여성정책포럼』 제3호.

황영주. 2006. "지역여성국제교류: 여성연대성의 실현" 『세계지역연구논총』 24집 1호.

동북아 지역의 교류협력과 전망

Multilateral Cooperation and Its Prospect in Northeast Asian Region

저　　자 | 박태규 외
펴 낸 이 | 육낙현
인　　쇄 | 동아인쇄

1판1쇄 인쇄 | 2007. 11. 15.
1판1쇄 발행 | 2007. 11. 20.

등록번호 제2-1125호
등록일자 1991. 2. 11

펴낸곳 | 백산자료원
㊞100-193 서울시 중구 을지로 3가 334-2 청호빌딩 211호
전화 (02)2268-8668 팩시밀리 (02)2267-7710
http://www.paeksan.com
E-mail : pss1966@kornet.net

값 9,000원

ISBN 978-89-6194-001-6 93910